Kuno Jungkind

Gut entscheiden – mit Herz und Verstand

HERDER spektrum

Band 5585

Das Buch

Wer gut und kompetent entscheiden will – für sich selbst und andere –, braucht die richtige Strategie. Das vorliegende Grundlagenbuch zum kompetenten Entscheiden beschreibt fundiert und verständlich eine konsequente und lösungsorientierte Entscheidungs-Strategie.

Der Autor verfügt über langjährige Erfahrung in der Beratung von Menschen in Entscheidungs-Situationen und hat eine Methode zur Entscheidungs-Findung entwickelt, die komplexe Situationen transparent macht und persönliche Entscheidungs-Kompetenz ausbaut. Sie integriert das neue Wissen der Gehirnforschung und bewährte Erkenntnisse der Jungschen Tiefenpsychologie, ist praxisnah, alltagstauglich und vielfach erprobt.

Um tragfähig entscheiden zu können, braucht es das Wissen um den eigenen Entscheidungs-Typus: Ist man „mehr Kopf" oder „mehr Bauch", mehr intuitiver oder pragmatischer Natur? Verschiedene Entscheidungs-Situationen gilt es im Hinblick auf die jeweils angemessene Entscheidungs-Strategie differenzieren zu lernen. Aufmerksam sind die Leitlinien des eigenen Lebens zu verfolgen: Was sind die Bedürfnisse, Träume, Visionen, die uns leiten? Was gibt uns Kraft, lässt unser Entscheiden tragfähig sein? Wie lassen sich diese Aspekte in einen flexibel gestalteten Entscheidungs-Prozess integrieren, der die eigenen Möglichkeiten ausschöpft und dabei die eigenen Grenzen wahrt?

Anhand zahlreicher Beispiele aus der eigenen Praxis zeigt der Autor, wie nachhaltige Entscheidungen gestaltet werden und wie sich Entscheidungs-Kompetenz in überschaubaren Schritten zuverlässig aufbauen lässt. Das Buch für alle, die eine konsequente Entscheidungs-Strategie aufbauen und ein Plus an Sicherheit für ihre Entscheidungen gewährleisten wollen.

Der Autor

Kuno Jungkind, Dr. med., geb. 1949, seit 1980 in München, Salzburg und Freiburg in eigener Praxis tätig. Facharzt für psychosomatische Medizin und Psychotherapie, seit 1990 Coaching, Supervision, Teammoderation, Mediation in Deutschland, Österreich und der Schweiz. Entscheidungs-Kompetenz-Training ist der Schwerpunkt seiner Tätigkeit.

Kuno Jungkind

Gut entscheiden – mit Herz und Verstand

HERDER

FREIBURG · BASEL · WIEN

Alle im Buch verwendeten Personen-Beispiele wurden anonymisiert. Jede Ähnlichkeit mit tatsächlich lebenden Personen ist zufällig.

Gedruckt auf umweltfreundlichem, chlorfrei gebleichtem Papier

Originalausgabe

www.herder.de
Satz: Dtp-Satzservice Peter Huber, Freiburg
Herstellung: fgb · freiburger graphische betriebe 2005
www.fgb.de
Umschlaggestaltung und Konzeption:
R·M·E München/Roland Eschlbeck, Liana Tuchel
Umschlagmotiv: © Corbis
ISBN 3-451-05585-6

Inhalt

Meinen Lehrern und Ausbildern
Gerda Boyesen und Elisabeth Marx,
Hellmuth Stolze und Edmund Frühmann.

Sie gaben mir Zuversicht und lehrten mich,
Widersprüche und Spannungen auszubalancieren
und durch Dialog und Verständigung
zu tragfähigen Entscheidungen und guten Lösungen
zu gelangen.

Wenn ich von heute aus etwa auf das letzte Drittel meines Lebens zurückblicke, wird sehr deutlich, dass die Qualität meiner Entscheidungen für die Erfolge und Misserfolge meines Lebens bestimmend war. Viele Menschen tun sich schwer mit konsequentem Entscheiden. Die Kombination von Verstand, Intuition, emotionalen Faktoren und die Erfordernisse und Grenzen der eigenen Persönlichkeit bilden ein gutes Modell für die Komplexität des Prozesses.

Aus einem Brief von Stephen Johnson,
Autor von „Charaktertransformation", an den Autor

Einleitung

Im Hauptbahnhof des Lebens
Entscheiden zwischen Freiheit und Notwendigkeit

Gott gebe mir
die Gelassenheit, Dinge hinzunehmen,
die ich nicht ändern kann,
den Mut, Dinge zu ändern, die ich ändern kann,
und die Weisheit, das eine von dem anderen zu unterscheiden.

FR. CHR. OETTINGER, 1702–1782

Wir leben in einem Zeitalter rasanter Neuerungen. Mehr als je zuvor werden uns Entscheidungen abverlangt. Vieles ist möglich, nichts erscheint gewiss. Unsere Lebenswelt ändert sich so schnell, dass sie uns ständig vor unvertraute Situationen stellt. Diese Situationen erstaunen uns; sie machen neugierig, beunruhigen oder machen gar ratlos; denn für sie gibt es noch keine erprobten Lösungen. Da ist **gutes Entscheiden** notwendig – und eine Kunst – ist Luxus, Freiheit und unabdingbar zugleich.

Unvorhergesehene gesellschaftliche, politische und technische Entwicklungen und Naturereignisse fordern uns heraus: Flutkatastrophen, schleichender Klimawandel, die elektronische Revolutionierung der Arbeitswelt, die Globalisierung unserer gesamten Lebenswelt.

Gutes Entscheiden ist notwendig und eine Kunst – ist Luxus, ist Freiheit und unabdingbar.

Vor solchen Ereignissen können wir die Augen nicht verschließen. Wir verursachen sie nicht persönlich, mit ihren Folgen aber müssen wir alltäglich zurechtkommen. Neue Hoffnungen, neue Chancen entstehen und vergehen. Mit den Veränderungen in der Wirtschaft und dem notwendigen Umbau der Sozialsysteme greifen – sich gegenseitig beschleunigend – wirtschaftlich-sozialer Wandel und eine ausgeprägte Individualisierung des Lebens ineinander. Unsere gesamte Lebenswelt erscheint komplex, unübersichtlich, in schnellem Umbruch.

Mit der Massenarbeitslosigkeit, dem Abbau von Sozialleistungen und Kulturförderung gehen alte Sicherheiten verloren. Schul- und Ausbildungssysteme, die Arbeitswelt, das Gesundheitswesen und das öffentliche Leben sind im Umbruch und müssen nachhaltig erneuert werden.

Vor diesem unruhigen gesellschaftlichen Hintergrund haben wir unser privates Leben zu gestalten. Da stehen die herkömmlichen Partnerschafts-, Familien- und Wohnformen auf dem Prüfstand. Junge Menschen entscheiden sich früh, das Elternhaus zu verlassen und selbständig alleine oder gemeinsam zu wohnen. Die Erhöhung der Lebenserwartung erfordert neue Lebensmodelle: Die Pioniergeneration der „Jungen Alten" trifft **neuartige Entscheidungen** über angemessene Lebensgestaltung im Alter.

Muss gutes Entscheiden eigens gelernt werden?

Diesen Wandel gestalten wir, jeder in seinem persönlichen Bereich, durch unsere Entscheidungen mit: durch Anpassung unseres Wissens und Könnens oder durch innovative Ideen. Wie wir heute entscheiden, wird unsere Zukunft prägen. Sie mögen nun fragen: Ja ... entschieden haben wir doch immer – ist Entscheiden denn wirklich ein so großes Problem, dass man sich damit eigens befassen muss? Gewiss eine berechtigte Frage!

Vorab sei gesagt: Gravierende Fehlentscheidungen haben ihre eigene Logik: Durch Überschätzung der eigenen Kompetenz und Fähigkeiten addieren sich unbemerkt viele kleine Fehler im Entscheidungs-Verlauf, bis eine Entwicklung aus dem Lot gerät. Doch gleich im nächsten Kapitel werden wir diesen Fragen genauer nachgehen.

Das vorliegende Buch will Ihnen helfen zu erkunden, **worauf es ankommt beim verantwortlichen Entscheiden**. Es möchte Sie ermuntern, Entscheidungen mit Ihrer ganzen Persönlichkeit zu treffen – mit Herz und Verstand, mit Intuition und praktischem

Sinn. Es soll Ihnen einen Leitfaden an die Hand geben, wenn Sie Orientierung suchen im Labyrinth der Möglichkeiten und wenn Sie souverän und sicher entscheiden wollen.

Nicht zuletzt möchte es eine Lücke füllen: Es wird ein **integratives Konzept der Entscheidungs-Findung** anschaulich vorstellen und deutlich machen,

- wie praktisch bewährte und alltagsbezogene Entscheidungs-Praxis durch neuere Ergebnisse der Entscheidungs-Forschung bestätigt werden und
- dass Verstand, Gefühl, Intuition und praktischer Sinn keineswegs im Gegensatz zueinander stehen müssen. Vielmehr macht ihr Zusammenspiel eine gute Entscheidung erst aus.

Vor allem soll die Lektüre dieses Buches anregend sein. Sie möchte dazu hinführen, sich mit dem Thema **Entscheiden ganzheitlich** zu befassen. Daher werden integrative Gesichtspunkte verstärkt angesprochen. Manches mag dabei bekannt sein. Aber Sie werden eingeladen und können sich inspirieren lassen, das Thema Entscheiden aus einem neuen Blickwinkel zu sehen.

Erst das Zusammenspiel von Verstand, Gefühl, Intuition und praktischem Sinn ermöglicht gute Entscheidungen.

Zugrunde gelegt ist diesem Buch das integrative Konzept der Entscheidungs-Findung, das ich unter dem Namen **„Decision Making Dr. Jungkind®“** entwickelt habe. Es fördert die persönliche Entscheidungs-Kompetenz und ermöglicht gute und fundierte Entscheidungen in schwierigen oder problematischen Situationen.

Bewährt in Beruf und Privatleben, bei Teamentscheidungen, in Unternehmen und Organisationen, schafft es systematisch Klarheit. Undurchsichtige Verhältnisse macht es transparent. Drängende Entscheidungen werden beschleunigt. Nachhaltige, persönlich verantwortete Lösungen werden gefördert und möglich gemacht.

Der Schlüssel zur Lebensgestaltung liegt im sicheren Entscheiden.

Entwickelt wurde dieses Konzept der Entscheidungs-Findung während meiner 25-jährigen Arbeit als naturheilkundlich und psychotherapeutisch tätiger Arzt. Lange Zeit forschte ich nach einem Schlüssel, der in Belastungs-, Stress- und Krisensituationen einen direkten Zugang zu unmittelbaren und sicheren Veränderungen ermöglicht.

Für die vielfältigen körperlichen und emotionalen Beschwerden, die große Bandbreite wirtschaftlicher Fehlentwicklungen, beruflicher und sozialer Schwierigkeiten musste es doch so etwas wie einen „Generalschlüssel" geben! Wo ist der Dreh- und Angelpunkt zu finden, von dem aus die Dinge Richtung und Dynamik erhalten?

Im Laufe der Jahre, während vieler Beratungen, Coachings und Kriseninterventionen, wuchs die Erkenntnis: Trotz allem Bedrängenden, Bedrohlichen, Unabänderlichen, mit dem wir uns im Laufe des Lebens konfrontiert sehen – **wir können dennoch gestaltend in die Gegebenheiten unseres Lebens eingreifen. Der Schlüssel dazu sind unsere Entscheidungen!**

Entscheidungs-Kompetenz ist *die* Schlüsselkompetenz für zukunftsfähige Lösungen.

Diese Erkenntnis ermöglichte ein Umdenken, eine neue Sicht: Schwierigkeiten, Probleme, Krisen sind keine lästigen Bedrohungen, sondern notwendige Herausforderungen, sich konstruktiv mit der Wirklichkeit zu befassen und durch gute Entscheidungen die Weichen neu zu stellen. So ließen sich Ergebnisse der Entscheidungs-Forschung, der Neurobiologie und der Psychologie mit den Erfahrungen der Entscheidungs-Beratung zu einem entscheidungs- und lösungsorientierten Gesamtkonzept integrieren.

Präzisiert und „auf Herz und Nieren geprüft" wurde dieses Konzept aber nicht nur im medizinischen und psychotherapeutischen Bereich. Zunehmend fand es seine Bewährung auch in Supervisionen, in der Teamentwicklung und Streitschlichtung (Mediation).

Als ein flexibles und effektives Instrument erwies sich die entscheidungsorientierte Methode auch beim persönlichen

Coaching – maßgeschneidert für Menschen, die bereit sind, ihr privates und berufliches Leben durch ihre Entscheidungen selbst in die Hand zu nehmen.

Entscheidungs-Kompetenz ist also *die* Schlüsselkompetenz für zukunftsfähige Lösungen. Lassen Sie uns damit beginnen, sie zu festigen, gleich jetzt: Das vorliegende Buch gibt Ihnen das Geleit dazu. Sie werden kennen lernen,

- wie Sie **Entscheidungs-Situationen** in ihrer Unterschiedlichkeit differenziert erkennen können, um angemessene Strategien anzuwenden,
- wie Sie grundlegend verschiedene **Entscheider-Persönlichkeiten, auch Ihre eigene, erkennen** und entsprechend Probleme lösen können,
- wie Sie verschiedene **Strategien** situations- und persönlichkeitsgerecht auswählen und gezielt einsetzen können.

Gut verständliche Informationen, anschauliche Beispiele und Anleitungen sollen Ihnen helfen, persönlich Klarheit zu erlangen, so dass sie gute, zukunftsweisende und sozial verträgliche Entscheidungen treffen werden.

Kapitel 1

Wenn einer eine Reise tut … Ist Entscheiden denn wirklich so ein Problem?

Moderne Industriegesellschaften haben die Menschen freigesetzt von lebenslangen Verpflichtungen. Andererseits werden soziale Sicherheiten zunehmend eingeschränkt. Wir können und müssen **unabhängiger und ungesicherter** leben. Verbindliche Normen verblassen. Wir leben individueller, flexibler und mobiler.

Heute können wir uns aussuchen, welche Werte uns „lebenswert“ erscheinen. Unser Leben ist zunehmend auf die eigenen, persönlichen Entscheidungen gegründet. Ohne zwingende Konventionen, inmitten von Unwägbarkeiten und neuen Entwicklungen haben wir die **Chance, über unser Leben zu entscheiden.**

Unser Leben ist auf persönliche Entscheidungen gegründet.

Rechtsanwalt R.: „Unser Leben ist wie ein fliegender Teppich: Es hat keine sichere Verankerung außerhalb seiner selbst. Solange wir durch ständiges Entscheiden daran weben, trägt es uns – hören wir auf damit, beginnt es zu zerfallen.“

Dabei konnte noch keine Generation in der Geschichte der Menschheit so leicht auf so unendlich viele Informationen zugreifen wie wir. Ungeübt darin, eine solch immense, unstrukturiert und beliebig dargebotene Informationsflut zu sichten und zu gewichten, sind wir jedoch oft überfordert. Wir finden uns in der Fülle der Fakten und Meinungen weniger zurecht als je zuvor.

Nicht persönliche Entscheidungen – Gebräuche und Konventionen regelten früher das Leben.

In früheren Zeiten hat es offenbar weder diese **Freiheit**, noch diesen Zwang **zur Entscheidung** gegeben – zumindest nicht so umfassend und nicht für jeden.

Menschen in verantwortlichen Positionen allerdings mussten in Ausübung ihrer Aufgaben schon immer entscheiden – manche waren hervorragende, beispielgebende Entscheider, andere denkbar schlechte. Sie alle haben durch ihre Entscheidungen Spuren im Leben und in der Geschichte hinterlassen.

Zwar sahen sich die Menschen auch in früheren „Umbruchzeiten" ungewohnten Situationen und Herausforderungen ausgesetzt. Sie antworteten mit Unsicherheit und Angst oder entschieden sich mutig für eine neuartige Zukunft. Das alltägliche Leben aber war – selbst in unserer westlichen Gesellschaft – bis vor wenigen Jahrzehnten streng durch **Gebräuche und Konventionen** geregelt.

Da bestimmten zumeist Eltern und Familie, Sippen, Zünfte und Stände oder der adlige Lehnsherr über Heirat und Lebensort, über standesgemäßen Beruf und Wohlstand.

„Was die Leute denken", hatte großes Gewicht. Wer gegen die Spielregeln verstieß, verlor die Solidarität der Gemeinschaft, war Außenseiter oder wurde zum Ausgestoßenen. Das war ein hartes Brot – nur in Romanen und Filmen scheint solches Leben „romantisch". In Wirklichkeit ließen soziale Zwänge und Normen kaum Spielraum für echte persönliche Entscheidungen.

Was wir heute entscheiden, wird unsere Zukunft prägen.

Selbstbestimmtes und folgenreiches Entscheiden war damals seltener, aber nicht einfacher: Da man weniger Gelegenheit dazu hatte, fehlten Übung und Erfahrung. Wir hingegen müssen und können uns – die Beschleunigung der heutigen Welt nötigt uns dazu – immer häufiger und schneller entscheiden. Auf Konventionen und früher Bewährtes können wir uns dabei kaum mehr berufen.

Übung macht den Meister – auch beim Entscheiden!

In einer Radiosendung berichtete kürzlich eine Indiofrau von ihrer Jugend im Amazonas-Regenwald. „Alles, was man für das Leben wissen musste, haben mir meine Eltern gezeigt. Alles, was es zu wissen gab, wussten sie. Sie lernten es von den

Eltern, und diese wiederum von ihren Eltern – das Leben war wie ein ewiger Strom. Hier in der Stadt ist das Leben anstrengend: Über jede Kleinigkeit muss man selbst bestimmen …"

Unsere Vorfahren haben Zuverlässigkeit, Beständigkeit, Wahrhaftigkeit und andere Lebenskompetenzen seit vielen Generationen als „soziales Erbe" an Kinder und Enkel weitergegeben. Im Entscheiden unter unübersichtlichen Bedingungen hatten sie jedoch so wenig Übung, dass sie **„kompetentes Entscheiden" als Kulturtechnik** nur unzureichend an uns „vererben" konnten. So tun wir uns heute schwer damit. Wir sind keineswegs optimal gerüstet für wichtige Entscheidungen, die wir vorausschauend zu treffen und zu verantworten haben.

Vermeintlich banale Entscheidungen haben plötzlich eine ungeahnte Tragweite.

Nicht zufällig steigt die Zahl von Scheidungen, überschuldeten Haushalten und Ausbildungsabbrüchen – **deutliche Folgen von Fehlentscheidungen!**

***

Die Situationen, zu denen wir persönlich Stellung beziehen, in denen wir uns entscheiden müssen, sind also häufiger und wesentlich unübersichtlicher geworden. Dabei sind die meisten unserer Entscheidungen trivial und in ihren Konsequenzen kaum von Relevanz. Andererseits können vermeintlich banale Entscheidungen eine **überraschende Tragweite** in sich bergen. So gesehen kann unsere heutige „Entscheidungs-Freiheit" geistlose Ablenkung, Herausforderung oder Überforderung sein.

Welche Entscheidungen sind nun wichtig, welche nicht? Das gilt es, unterscheiden zu lernen.

Kürzlich habe ich mit Schülerinnen und Schülern einer Gesamtschule ein Entscheidungs-Coaching durchgeführt: Als 14-Jährige haben sie zu entscheiden, ob sie mit einem Hauptschulabschluss eine Lehre beginnen, in die Realschule oder auf das Gymnasium wechseln werden.

In diesem Alter müssen Jugendliche zum ersten Mal bewusst über ihr Leben entscheiden. Bis dahin hatten sie größtenteils nur zu entscheiden bei Dingen, die ihnen zwar wichtig erscheinen, in ihren Konsequenzen jedoch unerheblich sind: Fernsehprogramme, Kleider- und Handymarken, Snowboards, Computerspiele ... Vielen war überhaupt noch nicht klar, was sie mit ihrer Zukunft wirklich anfangen wollen und auch tatsächlich können – eine Entscheidung von bislang unbekannter Relevanz!

Zwei Wochen nach dem Projekttag wurden die Schüler nach dem wichtigsten Ergebnis des Coachings befragt. Bemerkenswertes Resultat: Vielen war bewusst geworden, dass sie erstmals über ein Thema von lebensbestimmender Wichtigkeit entscheiden – und dass dies keineswegs folgenlos bleiben wird.

Komplexität handhaben: neue Informationen einholen, reflektieren, Erfahrungen anpassen!

Komplexe und anspruchsvolle Fragestellungen erscheinen uns anstrengend zu beantworten. Wir neigen dazu, sie zu vereinfachen.

Einige der Schüler aus dem Coachingprojekt wollten einfach die Noten entscheiden lassen: „Wenn ich einen Notendurchschnitt von mindestens 3 habe, gehe ich auf die Realschule." Nicht bedacht hatten sie dabei, dass die Noten von ihrer Motivation und ihrem persönlichen Einsatz abhängen – und dass der Bildungsgang von der beruflichen Zukunftsplanung bestimmt sein sollte – und nicht zum unentschiedenen „Zwischenparken" geeignet ist.

Tatsächlich fühlen sich viele Schüler durch **zukunftsplanende Entscheidungen** überfordert. Lieber würden sie die Augen zumachen und **das „Schicksal" entscheiden lassen:** Der Notendurchschnitt soll diese Funktion übernehmen. Hier wird erneut deutlich: Ein Entscheidungs-Anlass tritt überhaupt erst dann unabweislich in unser Bewusstsein, wenn er unser verfügbares Repertoire an Lösungsmöglichkeiten überschreitet.

Es hilft nicht weiter, wenn ich die Augen vor dieser Tatsache verschließe und die Notwendigkeit meiner Entscheidung verdränge, bis es zu spät ist. Meine **Chance zur Lebensgestaltung** habe ich vertan, wenn erst jemand anders über mich entschieden hat oder wenn außer einer Notlösung keine Alternative mehr bleibt!

Wenn ich aber einmal die Mühe konsequenten Nachdenkens auf mich nehme, bleibe ich „am Ball" und kann das Entscheidungs-Geschehen eigenständig gestalten oder zumindest beeinflussen.

Vorgehen bei reflektierten Entscheidungen:

- Zunächst lege ich mir selbst Rechenschaft ab über meine „Ressourcen", mein vorhandenes Wissen und Können.
- In einem zweiten Schritt hole ich neue, zusätzliche Informationen ein.
- Dann erst kann ich meine bisherigen Entscheidungs-Erfahrungen adaptieren, indem ich reflektierend bisherige Kenntnisse und frühere Erfahrungen anpasse an die neue Situation.
- Ich muss also nachdenken und eine reflektierte Entscheidung treffen.

Nachdenken, reflektieren bedeutet hier nicht nur rationales Denken. Vielmehr ist auch ein „Hören auf die innere Stimme" angemessen: Abhängig von der genauen Fragestellung und meiner Entscheider-Persönlichkeit gilt es wahrzunehmen, was die Stimme des Gefühls und der Intuition mir raten – und meine rationalen Erwägungen mit ihnen abzustimmen.

***

Entscheidungs-Bedarf nehmen wir grundsätzlich erst dann wahr, wenn unsere Entscheidungs-Routinen – das Resultat früherer, großenteils unbewusst gewordener Entscheidungs-Erfahrungen – nicht mehr passen. Dann müssen wir bewusst erkunden und praktisch erproben, in welcher Kombination unser bisheriges Entscheidungs-Wissen noch wirksam sein kann.

Ganz offensichtlich genügen in komplexen Situationen unsere spontanen oder eingefleischten „Alltagstechniken des Entscheidens“ nicht! Da gilt es vielmehr, mit wachem und lernbereitem Bewusstsein einen **strukturierten und methodischen Entscheidungs-Weg** zu gehen. Gut, wenn man damit schon Übung und Erfahrung hat – wenn nicht, ist es gut zu wissen: Entscheidungs-Kompetenz ist trainierbar.

Kompetenz und konsequentes Entscheiden sind trainierbar.

So vieles haben wir in unserer komplexen Lebenswelt zu lernen. Wir lernen Computer zu bedienen, schnelle Verkehrsmittel zu nutzen, wir haben uns ganz verschiedenartige „soft skills“ angeeignet: Wir erziehen unsere Kinder anders als vor hundert Jahren, verhalten uns gesundheitsbewusst; wir haben gelernt, konstruktiv zu streiten, unsere Beziehungs- und Sozialkompetenz zu steigern. Wieso sollten wir nicht auch lernen können, sicher und kompetent zu entscheiden?

Dass ernste Entscheidungs-Probleme nicht durch einmalige, geniale oder Hauruck-Entscheidungen gelöst werden können, liegt auf der Hand.

Wir müssen uns vielmehr auf einen **Entscheidungs-Prozess** einlassen und dabei Widersprüche und Spannungen aushalten. Dabei gilt es, geduldig, unparteiisch und aufmerksam den Dingen Zeit zu lassen, sich zu entwickeln. Dann können sie ihre verschiedenen Aspekte offenbaren, sich entfalten und zur Reifung gelangen. **Entscheidungsreif** sind Angelegenheiten dann, wenn sie uns in genügend „kritische Spannung“ versetzen. Oft ist es sogar nötig, dass sie unseren Leidensdruck bis in eine **Entscheidungs-Krise** hinein steigern, damit wir endlich **entscheidungsbereit** sind. Dabei dürfen wir uns aber weder selbst in eine Panik drängen und „aus der Hüfte heraus“ entscheiden, noch uns selbst wegen Unentschlossenheit tadeln. Denn oft müssen wir mit widersprüchlichen, ambivalenten, sperrigen Situationen klarkommen, zunächst weitere Erfahrungen sammeln und neue Einsichten gewinnen, ehe wir entscheiden können.

Wir müssen unsere Fragen „lieben“.

Frau C. aus Frankfurt kann sich auch nach der Scheidung innerlich nicht wirklich von ihrem Ex-Ehemann trennen. Sie trifft ihn regelmäßig – nicht nur wegen der Kinder. Zwar ist sie bald nach der Trennung eine neue Beziehung eingegangen und hat gemeinsam mit ihrem neuen Partner ein Haus angemietet. Sie kann sich aber nicht entscheiden einzuziehen, obwohl sie derzeit mit ihren beiden Kindern beengt in einer kleinen Übergangswohnung wohnt.

Im Entscheidungs-Dilemma den Entscheidungs-Druck mindern und die Situation reifen lassen – notfalls bis zur Entscheidungs-Krise.

Frau C. steht innerlich und äußerlich unter starkem Druck. Sie glaubt daher, sich schnellstens zwischen den beiden Männern entscheiden zu müssen, sieht sich aber keineswegs dazu in der Lage, denn zu beiden hat sie enge, wenn auch ambivalente Gefühlsbeziehungen. Sie befindet sich also in einem unlösbar scheinenden Zwiespalt.

In einem solchen **Entscheidungs-Dilemma** gefangen, gerät man leicht in eine innere und äußere Stagnation, die einen manövrierunfähig macht. In einer solchen Lage möchten wir uns von unseren Partnern am liebsten innerlich und äußerlich, emotional und körperlich – auch sexuell – zurückziehen, wollen nur noch „unsere Ruhe haben". Dies kann eine gesunde Reaktion sein, wenn der Rückzug uns wieder „Luft zum Durchatmen" verschafft.

Eine Chance kann aber vor allem darin liegen, die Partner von der eigenen Ambivalenz wissen zu lassen und ins Gespräch darüber zu kommen, was denn genau verhindert, dass „die Waage sich neigt". Das sind immer handfeste äußere oder innere Gründe – ohne triftigen Grund tun wir uns einen solchen Stress nicht an!

Unter Druck gibt es Notlösungen, aber keine guten Entscheidungen.

Das anzuerkennen ist der erste wichtige Schritt zur Lösung. Keinesfalls sollten wir uns selbst abwerten wegen unserer vermeintlich „unmoralischen" Haltung und Unentschlossenheit! Wenn wir uns nicht entschließen können, hat das seine konkreten

Gründe, die es herauszufinden gilt. Das aber braucht Zeit. Dafür ist zwingend notwendig, den **Entscheidungs-Druck** immer wieder **zu mindern** – denn unter Druck lässt sich nicht gut entscheiden! Nun kommt es darauf an, sich Zeit zu lassen zur Klärung der Gefühle, der Wünsche und Bedürfnisse, der eigenen Träume und Ziele. Es gilt, die Situation reifen zu lassen – notfalls auch sich zuspitzen lassen bis zur heilsamen Entscheidungs-Krise. Denn **in Krisen klären sich die Positionen**, bereiten sich Weichenstellungen vor.

Der Glücksfall: „Wenn's passt, dann passt's."

Sie werden nun entgegnen: „Ja, aber – es gibt sie doch, die ersehnten **„Yippie – ich hab's"-Entscheidungen**!" Ja, es gibt sie durchaus: In den gelegentlichen **Glücksfällen**, wo alle Faktoren sich mühelos einem Ziel fügen, darf man nicht zögern zuzugreifen.

Herr V., 53 Jahre, Realschullehrer in einer schwäbischen Kleinstadt, lebt seit seiner Scheidung allein.Nach Monaten des Rückzugs beginnt er wieder auszugehen. Eine neue Bindung aber will er erst einmal nicht mehr eingehen: „Gebranntes Kind scheut das Feuer." Als „Familienmensch" schätzt er aber gute Gesellschaft und Geselligkeit – er gründet einen Singleverein. Nicht, dass er dabei in den folgenden Jahren keine liebenswerten Frauen kennen lernen würde; aber „die Richtige" ist nicht dabei.

Als sie ihm nach Jahren des Wartens bei einer Geburtstagsfeier plötzlich gegenübersteht – wer hätte es noch für möglich gehalten!? –, zögert er keinen Moment: Drei Monate später verlobt man sich, zieht zusammen und heiratet nach weiteren vier Monaten. Heute, vier Jahre danach, strahlen die beiden immer noch: „Wenn's passt, dann passt's halt."

Sich auf einen Entscheidungs-Prozess einlassen bedeutet, Widersprüche und Spannungen auszuhalten.

Vergleichen Sie sich aber nicht mit **„Entscheider-Genies"**, tadeln Sie sich nicht als inkompetent, weil Sie vermeintlich kein so guter Entscheider sind!

Denn viele **scheinbar mühelosen Entscheidungen** täuschen über die vorangegangenen Entwicklungen und Erwägungen hinweg. Meist stehen solche scheinbar leichten, schnellen Entscheidungen **am Endpunkt von Entwicklungen**, die sich – unbemerkt von der Umgebung – innerlich schon einige Zeit hingezogen haben. Wer aber an diesem Punkt angelangt ist, an dem die inneren und äußeren Aspekte problematischer Dinge sich so mühelos fügen, fühlt sich befreit und glücklich – und auch seine Umgebung ist erleichtert …

Gute Entscheidungen müssen reifen. Zur rechten Zeit getroffen, strahlt ihre Wirkung in viele Lebensbereiche wohltuend aus.

Frau I., Mitte 40 und seit fast 30 Jahren in einem führenden Bankhaus tätig, hat es durch ihr unermüdliches Engagement vom Lehrling bis zur Abteilungsleiterin gebracht. In den vergangenen Jahren nahm jedoch die Belastung durch erhöhtes Arbeitsvolumen und gesteigerten Arbeitsdruck bei reduzierter Mitarbeiterzahl enorm zu. Oftmals war sie so erschöpft, dass sie sich auch im Urlaub nicht mehr vollständig erholte. Die Alternative, den Arbeitgeber zu wechseln, schien ihr mit 45 keineswegs mehr realistisch.

Seit Jahren trug sie sich sogar mit dem Gedanken, ihre geliebte Berufstätigkeit aufzugebend – dazu entscheiden konnte sie sich aber nie.

Durch Zufall erfährt sie von einem Kollegen ihres Mannes, dass in seiner Firma eine Stelle als selbständig tätige Sachbearbeiterin frei wird. Schnell entschlossen bewirbt sie sich. Wieder einmal ruhig zu schlafen, für ihre Ehe und Familie Zeit zu haben, Freundschaften und Hobbys pflegen zu können – das alles ist ihr inzwischen so viel wert, dass sie in Kauf nimmt, weniger zu verdienen und auf ihre Leitungsfunktion zu verzichten. Ihre Angehörigen sind erleichtert und froh über diese Entscheidung, denn endlich bestehen Aussichten, dass künftig wieder ein harmonischeres Ehe- und Familienleben stattfindet.

Heirats- und Trennungsentscheidungen, Kündigungen und andere einschneidende Schritte kommen – sofern sie beeinflussbar und nicht durch „höhere Gewalt“ bedingt sind – nie aus heiterem Himmel. Entscheidungen brauchen oftmals Monate oder Jahre, um sich zu entwickeln. Ein solcher Prozess kann langwierig und mühsam sein. Häufig mag er auch als belastend oder schmerzlich, ja sogar als quälend erlebt werden.

Vor allem in bedrängter Lage situationsgerecht, flexibel, mutig und persönlichkeitsgerecht entscheiden.

Je besser Sie aber **das Wesen von Entscheidungs-Prozessen verstehen**, sich selbst in ihrem Entscheider-Naturell ernst nehmen und akzeptieren, desto leichter wird dieses „Schwangergehen mit einer Entscheidung“, desto gekonnter werden Sie Ihre Entscheidungen treffen.

Selbst kompetente, entscheidungsfreudige Menschen, die sich beherzt dem Leben stellen, geraten gelegentlich in einen **Engpass, wenn viele Dinge unvermittelt schwierig werden** und nicht mehr beeinflussbar erscheinen.

Dann droht die „Decke auf den Kopf zu fallen“, oder man steckt in einer „Sackgasse“ fest. Solche Lebenslagen sind nichts Ungewöhnliches. Meist summieren sich da kleinere Fehlentscheidungen und wachsen plötzlich zu einer Lawine an. Gerade dann darf man sich nicht ängstlich zurückziehen oder sich an die verbleibenden Sicherheiten klammern – vielmehr muss man es wagen, mit **Mut und Kreativität wegweisende Entscheidungen** zu treffen. Wenn Sie flexibel und in Übereinstimmung mit der eigenen Persönlichkeit die richtigen Entscheidungs-Prozesse einzuleiten verstehen, können Sie sich Ihrer Entscheidungs-Kompetenz sicher sein. Dann können sie trotz solcher „Durststrecken“ mit Zuversicht entscheiden: Ihre Entscheidungen werden sich als tragfähig, nachhaltig und zukunftsfähig erweisen.

Denn was richtig begonnen ist, kann auch gut enden.

Kapitel 2

Zugführer oder Fahrgast? Das Leben in die Hand nehmen

Das Leben gibt uns seine Eckdaten und Rahmenbedingungen vor – innerhalb dieses Rahmens gibt es allerdings immer verschiedene Optionen. Welche davon wir wählen und welche wir ausblenden, das entscheiden wir selbst.

„Absolute Entscheidungs-Freiheit“ haben wir dabei keineswegs, wohl aber **Entscheidungs-Autonomie**. Stets aber sind wir in der Lage, unter verschiedenen Möglichkeiten zu wählen oder neue zu eröffnen. Für diese Optionen gilt es den Blick zu öffnen – gerade auch in scheinbar ausweglosen Situationen.

> Entscheidungs-Autonomie wahrzunehmen ist realistischer als absolute Entscheidungs-Freiheit anzunehmen.

Vier Einstellungen sind uns dabei grundsätzlich möglich: **sich verweigern, sich treiben lassen, mitschwimmen oder selbst bestimmen.** Ein alltägliches Beispiel soll dies verdeutlichen:

Wollen wir verreisen, haben wir ***mehrere Optionen:*** *Reisen wir mit der Bahn, haben wir viel Sicherheit, sind jedoch in mehrfacher Hinsicht festgelegt. Wir können und müssen kaum noch grundsätzliche und jedenfalls weniger Einzelentscheidungen treffen als bei einer Reise mit dem eigenen Auto. Schon im Umfang des mitgeführten Gepäcks sind wir eingeschränkter – sofern wir denn den ICE überhaupt noch erwischen auf unserem Spurt von Gleis zu Gleis.*

Dennoch sind wir auch als Bahnreisende ***nicht völlig entscheidungslos****. An einer organisierten „Fahrt ins Blaue“ teilzunehmen, bedeutet* ***wenig Entscheidungs-Aufwand. Ja oder Nein, sich verweigern oder treiben lassen*** *– das ist hier die einzige Frage.*

Wollen wir jedoch an einer organisierten Studienreise teilnehmen, haben wir schon etwas mehr zu entscheiden und akti-

ver zu handeln: ***„mitschwimmen" – hierhin oder dahin?*** *Das antike Sizilien oder die Schlösser der Loire? Nach Hamburg zur Reeperbahn oder nach München ins Deutsche Museum oder zum Hofbräuhaus?*

Sich verweigern, sich treiben lassen, mitschwimmen oder selbst bestimmen?

Fahre ich jedoch individuell mit der Bahn, habe ich über deutlich mehr zu befinden: Absichten und Bedürfnisse sollten klar sein (Speisewagen oder 1. Klasse), Richtung und Ziel muss ich festlegen, Zugwechsel und Zwischenstopps planen, Abfahrts- und Ankunftszeiten bestimmen, den passenden Zug auswählen – viele Entscheidungen gleichzeitig, manche nacheinander, die uns normalerweise so vertraut sind, dass sie kein Problem darstellen: ***Routine-Entscheidungen.***

Manche Entscheidungen allerdings müssen wir offen lassen, weil wir die Voraussetzungen, die Verhältnisse, die wir vorfinden werden, noch nicht kennen. ***Selbst bestimmen innerhalb gegebener Rahmenbedingungen, flexible, adaptive Entscheidungen sind gefragt.***

Ist eine erste Entscheidung getroffen, gilt es zu **handeln**. *Nun gewinnen die äußeren Gegebenheiten an Bedeutung, erfordern erneute* **Folge-Entscheidungen**: *den Fahrplan lesen, Informationen gezielt erfragen, Serviceautomaten bedienen …: all das erfordert das Erlernen neuer Fertigkeiten. Wer hat den Stress nicht selbst erlebt, wenn er kurz vor Ankunft des Zuges noch eine Fahrkarte wollte – an einem Automaten, der stur nur Ja/Nein-Antworten zuließ und nicht duldete, dass man auch nur einen Schritt übersprang!*

Durch Entscheidungen dem Leben eine Richtung geben.

Vergleichbar unterschiedliche Voraussetzungen wie bei einer Bahnreise findet man bei vielen Entscheidungen des täglichen Lebens vor: Je mehr standardisierte Lösungen angeboten werden, desto leichter greife ich zu, ohne viel nachzudenken; die einfachen **Ja/Nein- oder Wenn-dann-Entscheidungen dominieren.** Oftmals allerdings **in komplexen Verbindungen – mehrmalig, mehrstufig vernetzt oder in Entscheidungs-Ketten.**

Entscheidungs-Autonomie braucht Wissen und Können, wache Präsenz und ein Bewusstsein von Ziel und Prioritäten.

Größer wird die Autonomie, anspruchsvoller werden aber auch die Anforderungen, wenn ich meinem Leben selbst eine Richtung gebe und durch meine Entscheidungen ins Geschehen eingreife, selbst „Zugführer" sein will: Steuere ich meinen Zug selbst, bestimme ich das Ziel und den Weg dorthin, benötige ich jedoch bedeutend mehr Kompetenz und Befugnisse denn als Fahrgast.

Ein Zugführer muss seine Lokomotive kennen und bedienen können, er muss das Fahrverhalten des ganzen Zuges berücksichtigen, er benötigt vollständige Streckenkenntnisse vom Start bis zum Ziel.

Unterwegs kann er nicht einfach in seinem Führerstand sitzen und die Technik arbeiten lassen. Er muss stets präsent sein, fortlaufend den Fahrplan und die Strecke beobachten, mit dem Begleitpersonal und der Streckenleitung kommunizieren, notfalls über Abweichungen von den Vorgaben entscheiden oder bei Gefahr eine Notbremsung einleiten.

Gleichzeitig hat er sämtliche automatischen Funktionen zu überwachen, Warnsignale zu beachten und Fehlermeldungen schnell und richtig zu erfassen. Vor allem muss er seine Ziel- und Handlungsprioritäten kennen – durch zufällige oder nicht relevante Einflüsse darf er sich keinesfalls ablenken lassen. Nicht zuletzt muss er darauf achten, wach zu bleiben, für seinen Job fit zu sein – von Anfang bis Ende: Er kann nicht wie die Reisenden auf halber Strecke aussteigen.

Gewohnheit, Konvention und Zwang kraftvoll die innere Autonomie entgegensetzen.

An diesem Vergleich mit den Befugnissen und Aufgaben eines Zugführers können wir leicht ablesen, was **Entscheidungs-Autonomie** ausmacht: keineswegs Willkür, sondern reichlich Wissen und Können, wache Präsenz und ein Bewusstsein davon, welches Ziel angestrebt wird und was auf dem Weg dorthin vorrangig ist.

Im privaten und beruflichen Leben finden wir aber oft Situationen vor, die wir noch nicht einmal als Entscheidungs-Situationen erkennen: weil wir sie als Routinesituationen einschätzen oder weil wir denken, dass Konvention und Zwänge uns keine Wahl lassen.

Entscheidungssituationen richtig identifizieren und angemessen handeln.

Gewohnheit: *Kürzlich fuhr ich wie fast jeden Tag über den Zubringer nach Hause und bog – wie ebenfalls fast jeden Tag – wie ein ferngesteuerter Roboter an der üblichen Ausfahrt ab; eigentlich hätte ich an jenem Tag erst die folgende, die zum Baumarkt führende, nehmen wollen.*

Konvention: *Nach dem Fußballspiel ordne ich mich in die lange Autoschlange ein, atme tief durch (das Spiel war mal wieder mittelmäßig) und mache mich auf eine langwierige Kriechfahrt durch die Stadt gefasst. Ich denke aus Mangel an Phantasie, dass ich dazu gezwungen bin – und übersehe dabei den „Schleichweg" direkt zum Autobahnzubringer oder die Möglichkeit, zum Abendessen einzukehren und in Ruhe freie Straßen abzuwarten.*

Zwang: *Wegen des bevorstehenden Fußballspiels wird der gesamte Verkehr an der Kreuzung durch einen Polizisten nach rechts umgeleitet. Ich möchte geradeaus fahren, weil wir nur fünfhundert Meter entfernt wohnen. Ich halte an und bitte den Polizisten, mich geradeaus durchzuwinken – erfolglos! So bin ich gezwungen, einen Umweg von mehreren Kilometern zu fahren. Kein Vergnügen im verlangsamten Umleitungsverkehr!*

Grundsätzlich haben wir bei jeder Entscheidung verschiedene Optionen, verfügen wir über **Wahlmöglichkeiten.**

Selbst in Zwangssituationen bleibt mir die Freiheit, zu erkennen, ob ich die Lage ändern kann, sie hinnehmen muss oder sie für meine Zwecke nutzen kann. Oder ob ich mich innerlich frei mache von dem Erleben, Opfer zu sein, und damit, wo schon nicht äußere, so doch **innere Autonomie** erreiche.

***

Volle Entscheidungs-Autonomie – bei aller Verbindlichkeit.

„Ledig – verheiratet – geschieden" – auf jedem Formular ist's anzukreuzen! Bin ich verheiratet, so habe ich einige Sicherheit, bin jedoch in vieler Hinsicht festgelegt. Innerhalb einer festen Partnerschaft habe ich weniger Entscheidungs-Freiheit, muss mich mehr absprechen. Als Single brauche ich das nicht, kann tun und lassen, was ich will. In einer Partnerschaft muss ich in der Alltags- und Freizeitgestaltung konsequenter und koordinierter sein. Dennoch, auch innerhalb einer Partnerschaft bin ich keineswegs ohne Entscheidungs-Möglichkeiten. Ich besitze weiterhin volle Entscheidungs-Autonomie – bei aller Verbindlichkeit …

Von meinem Blickwinkel hängt es ab, ob ich Entscheidungen als Dilemma oder als Chance erlebe. Indem ich mich entscheide, erteile ich zwar anderen Möglichkeiten eine Absage. Mit jeder Entscheidung gelange ich jedoch in ein neues Universum, eröffne ich mir weite Möglichkeiten.

Richtig denken und erleben: Entscheidungs-Autonomie statt Entscheidungs-Dilemma.

Da jede Entscheidung auch eine Verpflichtung mit sich bringt, wachsen gleichzeitig diese Verpflichtungen und begrenzen uns. So werden scheinbar grenzenlose Spielräume definiert und überhaupt erst fassbar:

Mit jedem **Entscheiden** schaffe ich mir aber einen erkennbaren Rahmen, in dem ich mich orientieren kann. Er macht Erkunden, Erkennen, Genießen, macht sodann Handeln und Verwirklichen von Zielen, Plänen und Träumen, Gelingen und Genießen erst möglich.

Mit jedem **Handeln** gebe ich mir eine Struktur, werde für mich und für andere begreifbar. Ich verzichte auf *alle* Möglichkeiten und entscheide mich für *eine*: Dadurch eröffne ich erst die Räume, in denen ich die Freiheit habe zu entdecken, zu erleben, zu entscheiden – und mich erneut zu konkretisieren in dieser Welt. So kommen wir nicht nur einmal auf die Welt, sondern „inkarnieren" uns wieder und wieder in unserem Entscheiden und Handeln.

So gesehen, beruht ein Entscheidungs-Dilemma auf unangemessenem Denken und Erleben. Richtig verstanden, erkennen wir im falschen Dilemma vielmehr die **Dialektik der Entscheidung:** Je mehr ich entscheide, desto mehr verliert mein Leben an grenzenloser Unbestimmtheit, desto mehr gewinnt es an Bestimmtheit, an Form und Wirklichkeit. Doch erst mein **entschiedenes Handeln** eröffnet konkret lebbare Spielräume, Optionen, über die es erneut zu entscheiden gilt: mit Klugheit **zu wissen**, was man braucht und was man soll – und es **zu wollen und auch zu tun**.

Im Entscheiden und im Handeln ganz auf die Welt kommen.

Kapitel 3

Der Fahrplan zu guten Entscheidungen

Gut entscheiden kann jeder – jedenfalls in vertrauten Entscheidungs-Situationen. Dafür haben wir unsere bewährten Routinen. **Routine-Entscheidungen** sind im Alltag und im Beruf häufig. Sie bilden die Basis unseres „guten Funktionierens".

Vertraute Routine-Entscheidungen bilden die sichere Basis „guten Funktionierens".

Herr F. ist ein Morgenmuffel. Müsste er nicht als städtischer Angestellter Punkt 8.00 Uhr an seinem Schreibtisch sitzen – er hätte Mühe, in die Gänge zu kommen und seinen Tagesablauf eigenständig zu gestalten. Seine Ehefrau jedoch ist, wie so oft in Partnerschaften, aus ganz anderem Holz geschnitzt. Sie steht bereits morgens um 6.00 Uhr unter der Dusche und plant dabei minutiös ihren Tagesablauf. Wie koordiniere ich heute meine Verpflichtungen und Aktivitäten? Die Kinder schulfertig machen, zur Arbeit fahren, auf dem Weg noch schnell einen Einkauf besorgen, mittags nach Hause eilen, kochen usw. Auch die Abende und Wochenenden sind ausgefüllt mit gemeinsamen Unternehmungen. Alles muss rechtzeitig geplant werden und auch das „Eheleben" soll nicht zu kurz kommen: Dutzende von Routine-Entscheidungen sind zu treffen.

Routinen sind das Fundament der Alltagsgestaltung. Manchmal aber bleiben wir aus Bequemlichkeit und Unbeholfenheit bei den vertrauten Lösungen und **entscheiden wie gewohnt**: „So haben wir das immer gemacht, so wird's auch diesmal passen." Doch gerade dieses Mal kann die gewohnte Lösung die falsche sein!

Denn Routinen greifen nicht bei Situationen, die ungewohnt sind und in dieser Konstellation und Ausprägung bislang nicht oder selten erlebt wurden. Solche Lebenslagen stellen uns vor **echte Entscheidungs-Aufgaben**. Wir erleben sie als positive Herausforderung oder als schwierige, problematische Belastung – je nach Einstellung und Stimmung. Jedenfalls merken wir, dass diese Entscheidungen nicht wie gewohnt mit gekonnter Routine zu treffen sind. Vielmehr muss ich durch Vergleichen, Abwägen und Nachdenken meine bisherigen Entscheidungs-Erfahrungen so anpassen, dass ich zu **adaptiven Entscheidungen,** zu angemessenen, Erfolg versprechenden Lösungen finde.

Adaptiv entscheiden in kontinuierlicher Entscheidungs-Bereitschaft – eine Kette abgestimmter Einzelentscheidungen.

Oberbayern, Alpenrand. Der schnellste Weg zu meiner Praxis in der ca. 20 km entfernt gelegenen Kreisstadt war eine Kombination von Ortsdurchquerung, Landstraße, Autobahn und Stadtzubringer. Gleich nach dem Aufwachen zeigte ein Blick aus dem Fenster, ob nachts Schnee gefallen war, Auto und Zufahrt zuerst freigeräumt werden mussten. Davon hingen Zeit- und Fahrplanung ab. An solchen Tagen fiel das Frühstück meist aus.

Viele wichtige Entscheidungen müssen wir treffen, ohne genügend Know-how und Erfahrung zu besitzen.

Auf den Ortsstraßen war mit Verkehrsbehinderungen zu rechnen, die Landstraße war oft noch nicht geräumt. Alternative: Fahrt über die Autobahn. Dort jedoch war mit glättebedingten Staus zu rechnen. Daher galt es, bei unzureichender und unsicherer Informationslage an jeder Kreuzung neu zu entscheiden, welche Route wohl die bessere sei.

Mit hundertprozentig sicheren Entscheidungen ist in solchen Situationen ohnehin nicht zu rechnen. Nur fortgesetzte Entscheidungs-Bereitschaft und schließlich eine Kette von abgestimmten Einzelentscheidungen konnte einigermaßen gewährleisten, zur rechten Zeit die Praxis zu erreichen.

***

Völlig neuartige, komplexe Konstellationen können uns aber auch an unsere Grenzen bringen: In unserem Erfahrungsschatz stehen dann keine relevanten Entscheidungs-Modelle zur Verfügung – nicht einmal solche, die wir auf diese spezielle Situation zuschneiden könnten.

Ausbildungs- und Berufswahl, private und berufliche Partnerschaften, Heirat, Familiengründung, Hausbau, Scheidung, Testament, Pflegebedürftigkeit – viele wichtigen Entscheidungen müssen wir im Laufe des Lebens treffen, ohne genügend Knowhow oder Erfahrung zu besitzen, um wirklich kompetent und gelassen entscheiden zu können.

Entscheiden jenseits des Erfahrungshorizonts = Entscheiden unter Risiko.

Erdbeben gehören in Deutschland nicht zur Tagesordnung; wenn sie auftreten, müssen wir spontan entscheiden, weil wir keine ausreichenden Vorerfahrungen haben. Gut, wenn uns ein paar Anweisungen einfallen, die wir schon mal gehört oder gelesen haben. Dennoch entscheiden wir unter großer Unsicherheit: Wir können Ausmaß und Folgen unserer Entscheidung in diesem Moment keineswegs abschätzen.

Als im November 2004 in den frühen Morgenstunden im Bereich des Oberrheingrabens viele Menschen durch ein tiefes Grollen aus dem Schlaf gerissen wurden, konnte kaum jemand dieses Ereignis schnell genug deuten, um sich angemessen zu schützen. Erst als kurz darauf ein Beben die Häuser erschütterte, sprang man aus den Betten, ohne sich im Klaren zu sein, was genau zu tun sei.

Man hatte unter hoher Unsicherheit völlig neue Entscheidungen zu treffen: Kompetentes, rationales Handeln war da kaum möglich. Man entschied ohne nachzudenken, spontan, willkürlich – blieb einfach liegen oder rannte, „instinktiven" Reflexen folgend, aus dem Haus.

Unerwartete und neuartige Ereignisse können sich jederzeit ereignen und den Erfahrungshorizont übersteigen. Solchen Entscheidungs-Situationen stehen Sie irgendwann zum ersten Mal gegenüber – oft nur ein Mal im Leben. Da kann man nicht wirklich fundiert und erfahren Entscheidungen treffen. Hier müssen Sie **unter hoher Unsicherheit** entscheiden, oftmals unter Zeitdruck und ohne Vorerfahrung. Hohe Unsicherheit ist ein bedeutsamer Teil des Risikos bei Entscheidungen. Wie man das immer vorhandene **Entscheidungs-Risiko** handhaben oder vermindern kann, wird in den Kapiteln 8 und 11 eingehend dargestellt.

***

Je offener wir uns unbekannten Lebenslagen stellen, ohne sie in ihrer Komplexität unzulässig zu vereinfachen, desto öfter erleben wir, dass unser Erfahrungs-Speicher nur „Ladenhüter“ bieten kann – veraltete, längst überholte Entscheidungs-Erfahrungen. Da stehen wir nun vor einem Problem, das ohne neues Wissen und Können nicht zu bewältigen ist: **Innovative, kreative Entscheidungen und Lösungen** sind gefragt! Hier ist nicht primär Sach- und Faktenwissen erforderlich, sondern Mut, Umsicht und Flexibilität sind gefragt und die Bereitschaft, sich in unbekannte Bereiche vorzuwagen: Vor allem müssen Sie **kraftvolle Visionen entwickeln**, die als **Leitbilder** Ihr Denken und Handeln über lange Zeit entscheidend steuern können. Dann fällt es Ihnen leicht, konkrete Ziele festzulegen und in einem fortlaufenden **Entscheidungs-Prozess** tastend, improvisierend, strukturierend Schritt für Schritt neuartige Lösungen zu finden.

Keine innovativen Entscheidungen ohne kraftvolle Visionen!

Frau N., Ende 30, gelernte Sekretärin, hatte sich schon immer zwei Kinder gewünscht. Mit ihrem Mann war sie sich einig, dass sie als Mutter ihre Berufstätigkeit für mehrere Jahre unterbrechen wollte, um den Kindern ein Aufwachsen in familiärer Geborgenheit zu ermöglichen. Jetzt, zehn Jahre später, möchte sie wieder in ihren Beruf einsteigen. Trotz vieler Bewerbungen findet sie keine Anstellung. Der Berufsberater beim Arbeitsamt rät ihr, sich selbständig zu machen. Frau N. besorgt sich alle ver-

fügbaren Informationen über den Weg in die Selbständigkeit. Nach kurzer Zeit merkt sie jedoch, dass sie ohne eine „zündende Idee" auf der Stelle tritt. Zu viele haben schon versucht, sich mit einem Schreibservice eine selbständige Existenz aufzubauen. Frau N. erkennt, dass sie zwei Möglichkeiten hat – entweder ganz pragmatisch eine besondere Marktlücke aufzutun, die sie mit ihrer Ausbildung und Erfahrung bedienen kann, oder, die andere grundsätzliche Möglichkeit: einen Berufstraum, eine Vision zu entwickeln von einer Tätigkeit, die sie so voll erfüllt und so stark motiviert, dass sie die Mühen und das Risiko des selbständigen beruflichen Neubeginns wagen kann. Sicherlich muss sie dafür Opfer bringen, eine zusätzliche Ausbildung etwa, finanzielle Einbußen und den Verzicht auf Hobbys und Freizeit.

Erfüllende und motivierende Visionen entwickeln.

In solch einer Lage braucht man starke Visionen und kreative Entscheidungen, um den **Mut zum Beginnen und die Zähigkeit zum Durchhalten** zu entwickeln! Wer hier versuchen würde, ausschließlich rational zu entscheiden oder auf emotional-impulsive Entscheidungen zu setzen, der verkennt die Problematik und vereinfacht die Entscheidungs-Situation unangemessen.

Wer gar unreflektiert und impulsiv, „aus dem Bauch heraus", handelt, dessen Entscheidung kann nicht wirklich tragfähig und nachhaltig sein. **Gute Bauchentscheidungen** gehen anders – nicht „ohne Hirn"!

Ein Mann entdeckt, dass seine Frau „fremdgeht", und sagt sich: „Wenn ich sie noch einmal erwische, dann gehe ich – wortlos!" Sein Entschluss klingt plausibel, und bei seinen Freunden wird er Zustimmung dafür bekommen.

Eine solche Entscheidung ist jedoch eine ***extreme Vereinfachung*** *einer komplexen oder problematischen Gesamtsituation, die zu ihrer Lösung eigentlich umfangreichere Entscheidungs-Prozesse benötigt. Zum Beispiel sollte er sich fragen: „Wieso tut sie das eigentlich, was ist schief gegangen, was stimmt in unserer Ehe nicht?"*

***

In anderen Situationen wiederum erzeugt zu langes Nachdenken oder gar Grübeln und Sinnieren Stillstand und setzt damit eine Spirale des Misslingens in Gang.

Bei den **einfach strukturierten Entscheidungs-Routinen** lohnt ein Zögern nicht oder ist sogar gefährlich: Im Straßenverkehr z. B. kommt es vor allem darauf an, klar zu erkennen, wer jeweils die Vorfahrtsberechtigung hat. Hat man sich darüber Klarheit verschafft, macht Zögern keinen Sinn.

> Ereignisse können sich schnell verdichten zu hoher Entscheidungs-Komplexität.

Hier ist zügig zu handeln im Stil einer „Wenn-dann-Entscheidung“ – um nicht auf der Kreuzung „kleben zu bleiben“. Zügiges Handeln bedeutet hier aber kein einmaliges Entscheiden und Tun, sondern in schneller Folge die jeweils entstehende Situation wahrzunehmen und durch erneute, schnelle Entscheidungen angemessen zu beantworten.

Die Ereignisse können sich jedoch schnell verdichten und einen Komplexitätsgrad erreichen, der die Anwendung des starren „Wenn-dann“-Entscheidungs-Schemas nicht mehr erlaubt. Nun ist es erforderlich, **anspruchsvollere Entscheidungs-Techniken** einzusetzen.

In meiner Heimatstadt Freiburg fuhr man bis Mitte der 60er-Jahre „intuitiv“. Die Verkehrsführung hatte man verinnerlicht; das Straßennetz war jederzeit vor dem inneren Auge des Ortskundigen präsent, er kannte sein Ziel und fand automatisch hin.

Mitte der 60er-Jahre wurde die Altstadt dann zur Fußgängerzone umgewandelt, der Verkehr durch Ampeln und Bodenmarkierungen um den Altstadtkern herum geleitet; die Innenstadt wie gewohnt direkt zu durchfahren war nicht mehr möglich.

> Zu heftige Konfrontation mit Neuem kann die Entscheidungs-Fähigkeit blockieren.

In dieser Zeit traf – wie unzählige Male zuvor – vom Schwarzwald herunterkommend mein Vater mit dem Auto in der Freiburger

Innenstadt ein. Unvorbereitet sah er sich plötzlich einer völlig unbekannten Verkehrssituation gegenüber, die ihn in ihrer Fremdartigkeit und Komplexität komplett überforderte. Seine geübten und intuitiven Adaptationsmöglichkeiten waren restlos blockiert, zum Nachdenken und reflektierten Entscheiden blieb mitten auf der verkehrsreichen Kreuzung keine Zeit. In Kürze entstand ein Stau mit Hupkonzert und Verkehrschaos. Nichts ging mehr. Hier musste die Lösung von außen kommen: Verkehrspolizisten lösten zunächst den Stau auf, leiteten meinen Vater zur Seite und beruhigten ihn: „Das passiert dieser Tage häufiger." Er aber schwor sich: „Das passiert mir nur ein Mal!" Und so war es denn auch. Die nächsten Stadtfahrten brachte er noch mit reichlich „Lampenfieber" hinter sich: Zunächst musste er noch an jeder Kreuzung seine intuitive Orientierung „verlernen" und neu entscheiden, musste sich also bewusst an die neue Verkehrsführung anpassen lernen. Bald jedoch hatte er genügend Übung, und die Entscheidungen wurden ihm bereits zur einfachen „Wenn-Dann-Routine".

***

Neuronale Netzwerke speichern neu erworbene Entscheidungs-Erfahrungen. So entsteht Entscheidungs-Kompetenz.

Entscheidungs-Kompetenz hat man also nicht einfach – man erwirbt sie vielmehr immer aufs Neue durch neues Lernen, vergleichbar dem körperlichen Konditionsaufbau beim Sport. Ebenso können wir unseren Organismus – in diesem Fall unser Gehirn – anregen und trainieren, seine „Entscheidungs-Kondition" auszuweiten.

Ergebnisse der modernen **Hirnforschung** legen nahe, dass die Qualität zurückliegender **Entscheidungen in neuronalen Netzwerken des Gehirns „materiell" gespeichert** wird und daher die Güte auch künftiger Entscheidungen mitbestimmt. Es lohnt sich also, nicht erst in ferner Zukunft, sondern unmittelbar, im Hier und Jetzt, um stimmige Entscheidungen zu ringen. Das zahlt sich nicht nur momentan aus, denn jede neue Erfahrung – auch unsere Entscheidungs-

Erfahrungen – bewirken Veränderungen im funktionellen Zusammenspiel unserer Gehirnzellen. Diese „neuronalen Netzwerke" bewahren in den Strukturen ihrer Vernetzungen die Erinnerung an die Qualität unserer Entscheidungen.

Und so entsteht Entscheidungs-Kompetenz: In Zukunft werden Entscheidungen leichter fallen, weil die verbesserten neuronalen Netzwerkstrukturen schon vorhanden sind. Auf dieser Basis speichert unser Gehirn das Know-how und macht uns dauerhaft entscheidungskompetenter. Künftige Entscheidungs-Fragen mögen noch so knifflig sein: Wir vermögen mit mehr Gelassenheit und mehr Sicherheit die Spannung auch eines langen Entscheidungs-Prozesses auszuhalten und stimmige Lösungen zu erarbeiten.

Denken und Fühlen, Handeln und Bewerten sind untrennbar verbunden.

Allerdings sollten wir dabei nicht dem Irrtum aufsitzen, dass wir rein rational entscheiden könnten und sollten.

Im nächsten Kapitel werden wir erfahren, wie **„Herz und Verstand" beim Entscheiden** stets Hand in Hand arbeiten. Wir werden sehen, dass eine **Trennung von Denken und Fühlen nicht möglich** ist. Die Großhirnrinde, in der die logisch-rationalen Fähigkeiten lokalisiert sind, bildet nämlich eine feste Einheit mit dem **Limbischen System**. Dort wiederum wird die emotionale Bewertung allen Denkens und Handelns vorgenommen. Anders gesagt: Das **Gehirn bewertet sich selbst** in seinen Aktivitäten. Dieser Bewertungsprozess findet seinen Ausdruck im Erleben von Gefühlen.

Unserer Natur gemäß können wir demnach nur **integrativ, „ganzheitlich", entscheiden**. Rationale und nicht-rationale Funktionen finden nicht getrennt voneinander statt. Schwerpunkte allerdings können wir setzen: Wir können unsere emotionalen Impulse, unsere Sinneseindrücke und Intuitionen rational überprüfen. Und umgekehrt sollen wir rationale Überlegungen durch unsere emotionalen und intuitiven Einschätzungen ergänzen und anreichern.

Wenn Sie daher Ihre persönlichen Entscheider-Stärken kennen und sie abrunden durch sie ergänzende Kompetenzen aus dem rationalen, dem pragmatischen, emotionalen oder intuitiven Bereich, wenn Sie zudem die Art der vorliegenden Entscheidungs-Situation sicher zu identifizieren verstehen, dann können Sie mit Bedacht und dennoch zügig, mit Umsicht und zielgerichtet entscheiden.

Kapitel 4

Entscheiden mit Herz und Verstand
Was Hirnforschung und Neurobiologie darüber wissen

Entscheiden, so werden Sie einwenden, das soll ein Luxus sein? Ich fühle mich doch ständig gedrängt, Entscheidungen zu treffen! Sie halten mich ja nur auf und sind lästig. Und dann auch noch mit Herz und Verstand – nein, danke! Ich bin nur froh, wenn endlich entschieden ist und der Alltag weitergeht!

Gewiss, unsere Alltagsroutine ist voll von solchen **unwesentlichen Entscheidungen** – ob diese oder jene Straße auf dem Weg zur Arbeit, ob dieses Obst oder jenes Gemüse, diese Fernsehsendung oder jene: Selten sind das Fragen von tatsächlicher Relevanz, die ein Zögern, eine Diskussion oder gar einen Streit wert sind! Viele Alltagsentscheidungen lohnen ein „Herumfackeln" nicht, da sie unser Leben nicht wirklich beeinflussen.

Entscheidungen ohne Relevanz lohnen kein Zögern.

Vor wirklich wichtige, **relevante und schwerwiegende Entscheidungen** gestellt, tun wir uns aber gar nicht so leicht, Verstand und Gefühl, Notwendiges und Wünschbares unter einen Hut zu bringen … erst recht, wenn die Folgen nicht so recht vorhersehbar sind. Da wünschen wir oft, dass uns jemand die Entscheidung erleichtert oder abnimmt – und oft findet sich ja auch jemand, der sich dazu berufen fühlt: Die Verwandten, der Banker, der Arzt, ein Guru, „die Wissenschaft" – sie alle bieten sich an, uns die Last des selbständigen Entscheidens abzunehmen.

Die Last des selbständigen Entscheidens wälzen wir gerne ab.

Andererseits: Wie unendlich wichtig kann es doch sein, endlich **selbst entscheiden zu können**! Wenn ich erst groß bin, wenn ich genug Geld beisammen habe, wenn ich endlich die Prüfung geschafft habe, wenn ich erst mal Familie habe, die neue Stelle bekomme, die Geschäfte wieder florieren, wenn ich wieder gesund bin, endlich in Rente gehe, im Lotto gewinne – dann, ja dann möchte ich so vieles entscheiden und anders machen!

Dann möchte ich endlich frei und ungezwungen über mich, mein Handeln und meine Zeit verfügen, ohne ständig eingeengt zu sein, ohne anderen Rechenschaft ablegen zu müssen. Ich werde es genießen, o ja, und entscheiden – **nach Herzenslust entscheiden** …

Spätestens dann will ich mir die Freiheit nehmen, die konventionellen Lebensbahnen zu verlassen, möchte ich mir den **Luxus** leisten, auch ungesicherte Entscheidungen zu treffen, die mir das Gefühl vermitteln, „auf meiner Spur" zu sein.

Sich den Luxus leisten, nach Herzenslust zu entscheiden.

Zuweilen aber taucht die zweifelnde Frage auf: Ja, **können wir denn tatsächlich frei entscheiden** über unser Denken, Fühlen, Handeln und Erleben? Sind wir überhaupt in der Lage, unserer Ratio, unserem Gefühl, unserer Intuition uneingeschränkt zu folgen?

Äußere Begrenzungen und Zwänge, persönliche Schwächen mal ganz außer Acht gelassen: Sind wir Menschen nicht generell, schon „von Natur aus" sehr eingeschränkt in unserer Willens- und Entscheidungs-Freiheit?

Der Einwand ist durchaus berechtigt. Nicht nur die eigene Lebenserfahrung scheint gegen uneingeschränkte Wahlfreiheit zu sprechen – auch innerhalb der philosophischen, psychologischen und der humanbiologischen Forschung gibt es begründete Zweifel und starke Argumente gegen eine so idealistisch verstandene Entscheidungs-Freiheit.

Können wir uneingeschränkt frei entscheiden? Ist nicht alles schon festgelegt?

Zuweilen mag man sich sogar fragen: Haben wir denn überhaupt etwas zu entscheiden oder ist nicht alles schon festgelegt, **determiniert?** Besitzen wir Menschen überhaupt die Fähigkeit, freie Willens-Entscheidungen zu treffen – aus purer Vernunft gar, ohne durch unsere persönlichen Erfahrungen, unsere Vergangenheit, unsere Emotionen festgelegt zu sein?

Oder sind wir nicht eigentlich nur ausführende Roboter, gesteuert durch Triebe, durch Vorgaben aus dem Unbewussten, durch die Funktionsweise und die Prägungen unseres Gehirns, Sklaven von Hormonen, Molekülen und Neuronen?

Sehen wir uns doch zunächst an, was Psychologie, Hirnforschung und Neurobiologie dazu zu sagen haben, von welchen **wissenschaftlich fundierten Einschätzungen** wir heute aufgrund von Forschungsergebnissen aus ausgehen können:

Sind wir nur ferngesteuerte Roboter?

Lehrbücher über „rationales Entscheiden" stehen in allen wissenschaftlichen Bibliotheken. Sie helfen uns bei unserer Fragestellung aber nicht weiter. Sie können nur beschreiben, wie ein rein rationales Vorgehen denkbar ist. Aber sie sagen nichts darüber aus, **wie Entscheiden tatsächlich vor sich geht.** Die **Psychoanalyse** stellt ohnehin seit über hundert Jahren unsere Fähigkeit zu rein rationalem Entscheiden und Handeln in Frage – und grundlegende Erkenntnisse der **modernen Neurobiologe** bestätigen ihre Zweifel.

Wie geht unser Entscheiden eigentlich vor sich?

Nach heutigem Wissensstand besitzen wir keine ausschließlich rational gesteuerte „Willensfreiheit". Alle unsere Entscheidungen sind mitbestimmt von Erfahrungen, Wissen und Gefühlen, die sich unserem Gehirn eingeprägt haben. Sie beeinflussen unvermeidbar unser Entscheiden – und nur zum kleinsten Teil wird dieser Einfluss unter die Kontrolle des Bewusstseins gestellt.

Alle, auch die „rationalen" Entscheidungen, sind geprägt von Erfahrungen, Wissen und Gefühlen.

Wie aber werden Wissen und Erfahrung im Gehirn gespeichert? Werden sie dort einfach abgelegt, „deponiert" in einzelnen Gehirnbereichen? – Nein, für solche „Datenmengen" könnte kein Gehirn groß genug sein!

In einem Dokument oder Ausweis befindet sich ja auch nicht etwa die ganze Person, sondern ein Abbild, das zweckbestimmt Wesentliches repräsentiert – ein Foto etwa, eine markante Unterschrift oder ein Fingerabdruck.

Jedes Erkennen, Erleben und Handeln hinterlässt seinen „Fingerabdruck" im gesamten Organismus.

Im Gehirn entstehen neuronale Netzwerke als Speichermedien für unsere Erfahrungen.

Ähnlich hinterlässt jedes Erkennen, Erleben und Handeln seinen „Fingerabdruck“ im gesamten Organismus: in den Spannungs- und Stoffwechselverhältnissen der Muskulatur und der inneren Organe, ja aller Körpergewebe, am konzentriertesten und für weitere Aktionen nutzbar aber in unserem Gehirn. Hier werden Nervenzellen dazu anregt, sich zu **„neuronalen Netzwerken“** zu verknüpfen. Die „Knüpfmuster“ dieser Netzwerke stellen die gespeicherte Erinnerung an Erlebtes und Erkanntes dar. Sie werden jedes Mal abgefragt und dann aktiviert, wenn eine ähnliche Entscheidungs-Situation auftritt. Und man kann sie jederzeit selbst aktivieren, verändern, erweitern und neu gestalten! Für diese „Updates“ braucht man keine Lizenz, keinen Fachmann, kein neues Betriebssystem: Als „hardware“ ist unser Gehirn lebenslang „up to date“.

Mit der Zeit werden die **meistverwendeten Netzwerke deutlich bevorzugt** und entfalten ihre Wirkung nun routinemäßig: Wir entscheiden und handeln zuverlässig, gleichförmig („stereotyp“) und routiniert – ein sinnvoller Vorgang, solange Entscheidungs-Anlass und Routineverhalten gut zusammenpassen: Entscheidungs-Routinen erleichtern das Leben. Zuweilen aber müssen sie angepasst werden: Passen neue Entscheidungs-Aufgabe und gespeicherter Lösungsvorschlag nicht so recht zusammen, genügt die bloße Aktivierung der eingespielten Netzwerke nicht mehr. Dann müssen wir bewusst wählen und erproben, in welcher Kombination unser bisheriges Entscheidungs-Wissen noch wirksam werden kann – oder ob ganz **neue Lösungen** gefunden werden müssen. Dann müssen die vorhandenen Netzwerke anders verknüpft, erweitert oder sogar neue Verbindungen geknüpft werden – in **reflektiv-adaptiven oder gar in innovativ-kreativen Entscheidungs-Prozessen**.

Die meistverwendeten Netzwerke werden deutlich bevorzugt. Das Gehirn bleibt lebenslang „up to date“.

Dieses Verfahren, vom menschlichen Gehirn in Jahrtausenden entwickelt, klingt umständlich, ist aber hoch effektiv. Vererbt werden natürlich nicht konkrete Anleitungen über den Einsatz unseres Verstandes, sondern vernetzungsfähige Gehirnstrukturen. Sie versetzen uns bei Bedarf und bei geeigneter Umgebung in die Lage, die Nervenzellen des Gehirns flexibel untereinander zu verbinden. So werden die Voraussetzungen geschaffen, um ganze Ketten mentaler Handlungen und Gehalte hervorzubringen, die sich sinnvoll und zielgerichtet entwickeln und aufeinander aufbauen.

Vererbt werden nicht fertige „Gebrauchsanleitungen", sondern vernetzungsfähige Gehirnstrukturen.

Im Laufe der Evolution wurde für die **bewusstseinsfähigen Fähigkeiten** eigens eine Erweiterung des Gehirns – der Stirnbereich der Hirnrinde – geschaffen und effektive, ständig erweiterbare Vernetzungen dieser Gehirnzellen sowohl untereinander als auch mit anderen Gehirnbereichen angelegt. Dieser Gehirnbereich, der „assoziative Cortex", kann also Bewusstsein bewirken, aber niemals ohne Verbindung zu anderen Gehirnzentren und zur Umgebung.

Nur der ungestörte Kreislauf zwischen Aufmerksamkeit, Wahrnehmung, Verhalten, Wahrnehmung der Auswirkungen, Bewertung, Gedächtnis, Aufmerksamkeit usw. kann Bewusstsein entstehen lassen. In dieser besonderen, hoch leistungsfähigen Kombination, über die nur wir Menschen verfügen – von der Wahrnehmung der Umgebung über die Empfindungen des Körpers und seiner Sinnesorgane bis hin zum Zusammenspiel spezialisierter Gehirnzentren und zu deren verhaltenssteuernden Impulsen an unseren Körper –, liegt nach heutigem Wissensstand wohl das Geheimnis unseres menschlichen Bewusstseins begründet. Überdies zeichnet unser Gehirn in den neuronalen Netzwerken sogar sein eigenes Vorgehen (seine „mentalen Operationen") und die Rückmeldung über das Gelingen oder Misslingen auf.

Das Funktionsgesetz des Gehirns: „Gemeinsam sind wir stark."

Man kann also davon ausgehen, dass es immer dann zu **Bewusstsein** kommt, wenn neuronale Netzwerke erweitert, umgeformt oder neu angelegt werden: Das Aufscheinen von

Bewusstheit lässt sich also verstehen als ein Signal des Gehirns an sich selbst, dass Netzwerke gerade jetzt neu geknüpft werden. In diesem offenen und ungesicherten Zustand ist es offenbar möglich, auf das entstehende neue „Knüpfmuster" Einfluss zu nehmen – durch Achtsamkeit, Willen, Bedacht oder Handeln.

Bewusstheit ist das Signal des Gehirns an sich selbst, dass neuronale Netzwerke neu angelegt werden.

So nehmen uns die Erkenntnisse der **Gehirnforschung** allzu illusionäre Vorstellungen über eine vermeintlich uneingeschränkte rationale Entscheidungs-Freiheit. Andererseits begründen sie ein **realistisches, integrierteres Konzept unserer Handlungs- und Entscheidungs-Möglichkeiten**: Wir haben zwar keine absolute Willensfreiheit, die völlig losgelöst wäre von jeder Erfahrungsgrundlage. Andererseits – auch wenn wir gebunden sind an unsere biologischen Voraussetzungen – besitzen wir durchaus **Entscheidungs-Spielräume**: Wir können Alternativen und persönliche Absichten geltend machen. Dafür brauchen wir nur zuzugreifen auf den reichhaltigen Fundus unseres nicht nur intellektuellen, sondern auch emotionalen, intuitiven und sinnlichen Wissens, das in den neuronalen Netzwerken unseres Gehirns und des gesamten Nervensystems gespeichert ist.

Die Kenntnis biologischer Voraussetzungen ermöglicht ein realistisches Entscheidungs-Konzept.

Bewusstheit kann man aus neurobiologischer Sicht also verstehen als ein **Signal des Gehirns an sich selbst, dass Netzwerke gerade jetzt neu geknüpft werden**. „Zur richtigen Zeit entscheiden" heißt also, die „Zeitfenster" zu nutzen, wenn wir wissentlich und willentlich unsere Entscheidungen mitgestalten möchten. Wir beeinflussen damit nicht nur den momentanen Entscheidungs-Prozess, sondern wir entscheiden mit bei der Ausgestaltung und Auswahl unserer neuronalen Netzwerke – und damit bei den Erinnerungen an Erlebnisse, Denken und Handeln, die uns

Die „Zeitfenster" nutzen, um bei unseren Entscheidungen mitzuentscheiden.

für künftige Entscheidungen als Bezugspunkte zur Verfügung stehen.

***

In den **Netzwerken von Nervenzellverbindungen** werden also die Erinnerungen an bereits getroffene Entscheidungen, an deren Erfolg und Auswirkungen gespeichert und angereichert. So können wir mit der Zeit immer besser entscheiden, immer kompetenter, lebensklüger und irgendwann vielleicht sogar weise werden.

Netzwerke von Nervenzellverbindungen zeichnen die Spuren unserer Entscheidungen auf.

Denn diese Fähigkeit zur Ausgestaltung neuronaler Netzwerke bleibt uns zeitlebens erhalten – auch noch im hohen Alter und bis ans Ende unseres Lebens!

Am flottesten geht das „Netzwerke-Knüpfen" in der Kindheit und Jugend vor sich: Da werden die grundlegenden Muster gebildet, die dann oft lebenslang als „Matrix" verwendet werden. In den mittleren Lebensjahren werden diese zunehmend angereichert, überprüft, konsolidiert: Wenn alles gut ging, haben wir dann sichere Entscheidungs-Routinen entwickelt und können auf die Fähigkeit vertrauen, auch in neuen Situationen angemessen zu entscheiden – indem wir unsere Erfahrungen der neuen Situation anpassen oder innovative Lösungswege entwickeln.

Woher aber kann ich wissen, dass gerade jetzt, in diesem Moment, ein **„Entscheidungs-Zeitfenster" zur Einflussnahme offen** steht? Die Antwort ist eindeutig, aber nicht angenehm: **Immer wenn Routinen nicht mehr funktionieren,** wenn die Aktivitäten der neuronalen Netzwerke ins Leere laufen. Dann fühle ich mich unwohl, gestresst, unter Druck, bedrängt, überrascht, überrumpelt, in die Enge getrieben – körperlich und emotional. An meiner Störbarkeit und an meinem Unbehagen kann ich üblicherweise die Chance erkennen, auf meine Entscheidungen Einfluss zu nehmen.

Lebenslang knüpfen und erweitern wir unsere neuronalen Netzwerke – bis ans Lebensende können wir Neues lernen und bewirken.

Zumeist baut sich der innere und äußere Druck stetig auf, kündigt unser Gehirn, unser Organismus die Entscheidungs-Situation zeitig an. Dann kann ich mich rechtzeitig fragen: Was gilt es zu entscheiden? – Ist das nicht ein unglaublicher Luxus: Rechtzeitig und mit Bedacht bei meinen Entscheidungen mitzuentscheiden?!

Störbarkeit und Missbehagen signalisieren die mögliche Einflussnahme auf Entscheidungen.

Tipp: Entscheiden Sie sich einmal, wenn Sie wieder solchen Druck verspüren, statt der üblichen Ablenkungen, Betäubungen und Verdrängungen sich ganz einfach der Frage zu stellen: Welche Entscheidung steht an? Und nehmen Sie wahr, wie sich der Druck verändert …

Wenn ich aber diese Zeichen nicht verstehen kann oder will, sie nicht aufgreife, sondern stattdessen zur Beruhigungstablette greife und diese Mitteilungen meines gut funktionierenden Organismus „abwürge", dann kommt mein **Gehirn in Not** – so erzeuge ich unweigerlich Notsituationen.

Unser Körper erinnert uns dann daran, dass ihm etwas zugemutet wird, wofür eigentlich das Gehirn geschaffen ist: das Verstehen und Bewältigen von Erlebtem. Er meldet sich jetzt in der einzigen Sprache, die er beherrscht: Er steigert seine spezifischen Funktionen so lange, bis er verstanden und bis Abhilfe geschaffen wird – oder er erschöpft zusammenbricht.

„Wenn das so weitergeht, werde ich noch verrückt."

Die überschießend gesteigerten Funktionen nehmen wir unangenehm als **„psychosomatische Beschwerden"** wahr – gut, wenn wir uns dann fragen: „Was gilt es zu erkennen, zu verändern, zu entscheiden?" Denn sonst muss der Körper noch weiter „aufdrehen" – bis zur Entgleisung in Form von Krankheit oder bis zur Erschöpfung in chronischem Leiden.

***

Im Vergleich zu solchen „hausgemachten“ Notfällen sind echte Notsituationen viel seltener!

Gar nicht so häufig finden wir uns völlig unangekündigt und unausweichlich massiven Stress-Situationen gegenüber, bei einem Unfall etwa, bei einem unerwarteten Todesfall oder auch bei einem plötzlichen Glücksfall. Dann aktiviert unser Gehirn im „Expressmodus“ *alle* Speicherungs-Netzwerke mit *allen* erdenklichen Lösungsvorschlägen gleichzeitig – und wir reagieren „völlig hirnlos“, handeln zuerst und entscheiden danach, ziellos und ohne Prioritäten, widersprüchlich und sprunghaft.

Echte Notfälle sind in Wirklichkeit viel seltener als die „hausgemachten“!

Bei einem solchen „inneren Informationschaos“ jedoch hat sich unser Gehirn eine Sicherung gegen den Blackout eingebaut: Zugelassen wird nur noch *eine* einzige Lösung – diejenige, deren Nervenzellen im Gehirn am heftigsten „feuern“; ob sie nun passt oder nicht! Dann handeln wir, bevor wir überhaupt zum Denken kommen.

Auch unerwartete positive Nachrichten und Ereignisse können bekanntlich einen ungeheuren Druck ausüben. Zuweilen kommt es dann – statt zu angemessenem Handeln – zu unverständlichen „Übersprungshandlungen“, Affekthandlungen aus dem Notfallarsenal des Steinzeitmenschen.

Unerwartete Entscheidungs-Situationen – chaotische Reaktionen.

Sonntagsausflug. Eine Familie fährt mit den Fahrrädern die Straße entlang, Groß und Klein „im Gänsemarsch“ schön übersichtlich hintereinander: die Mutter vorneweg, der Vater als Nachhut. Ein Auto überholt, der Kleinste wird unsicher, kommt mit seinem Rad ins Wackeln, eine kritische Situation entsteht. Gott sei Dank – noch einmal gut gegangen! Erleichtertes Aufatmen ist angesagt – vor Schreck aber schimpfen die Eltern hemmungslos auf das Kind ein, packen es am Arm und reißen es von der Straße weg. Jetzt erst, völlig verunsichert, weint der Kleine los, weil er sich nicht mehr auskennt mit den Eltern …

Mit einiger Gelassenheit und Übung aber lässt sich auch in solchen Situation kompetent entscheiden, besonnen und richtig reagieren. Kompetenz will gelernt sein – auch beim Entscheiden!

Übung macht den Meister – auch beim Entscheiden.

Wie ich meine gespeicherten Emotionen, Intuitionen, Gedanken und Sinneseindrücke „abrufe" und sie auf dem Bildschirm meines gegenwärtigen Erleben wirksam werden lasse, darüber kann ich – je nach Übung – mehr oder weniger frei entscheiden.

Notärzte etwa, Krankenschwestern oder Feuerwehrleute stehen ständig unvorgesehenen Notlagen gegenüber. Als geübte und erfahrene Entscheider erkennen sie schnell, ob sie mit Handlungs-Routinen zum Ziel kommen oder ob sie in ihrem Erfahrungsschatz nach irgendwie vergleichbaren Situationen suchen müssen und die früheren Lösungen adaptieren können. In der Sprache der Neurobiologie gesagt: Ihre neuronalen Routine-Netzwerke sind dauerhaft aktiviert. An wenigen markanten Abweichungen erkennt Ihr Gehirn sofort, wenn Neuverknüpfungen mit anderen erfahrungsspeichernden Netzwerken erforderlich sind. Durch solche „Querverknüpfungen" zwischen vorhandenen Netzwerken können wir schnell Erfahrungen aus ganz anderen Erlebensbereichen heranziehen, um die gegenwärtige Entscheidung zu bereichern oder überhaupt zu ermöglichen. Daher können wir immer schneller kompetent werden – auch auf Gebieten, die uns bislang nicht vertraut waren.

Erfolgreiche berufliche „Umsteiger" beweisen es. Schüler zeigen oft plötzlich in mehreren Fächern bessere Leistungen, wenn sie sich in einem *Fach sicher und kompetent fühlen können. Musiker, die an einem Instrument hoch qualifiziert sind, können sich erstaunlich schnell auf ein neues Instrument umstellen. Pensionierte Fachleute in Entwicklungshilfeeinsätzen bewähren sich auch unter völlig ungewohnten Bedingungen ...*

Entscheidungs-Kompetenz kann „am Modell" vermittelt werden. Bei unseren Kompetenz-Seminaren arbeiten wir häufig mit Improvisation, mit Bewegung und Tanz, Stimme und Sprache.

Zunächst mag Sie das erstaunen: Wie soll Ihnen das in Ihren beruflichen oder betrieblichen Entscheidungen, in Ihrer persönlichen Sackgasse weiterhelfen?

Die Antwort: Improvisieren *ist* Entscheiden par excellence! Gerade die vielen unvertrauten Situationen, wie sie bei gekonnter Improvisation in jedem Moment neu entstehen, aktivieren assoziativ und überraschend Kompetenzen und Erfahrungen, die in Netzwerken gespeichert sind, die wir bei rationalem und gewohntem Nachdenken niemals aufgerufen hätten!

Improvisieren *ist* Entscheiden par excellence!

***

Die **neurobiologische Sichtweise** legt also nahe, dass der menschliche Geist und **unser individuelles Bewusstsein unlösbar an unser Gehirn gebunden** sind. Wir wissen noch nicht ganz genau, wie das im Einzelnen geschieht. Aber wir wissen bereits, dass die meisten und komplexesten körperlichen, emotionalen und mentalen Funktionen vor sich gehen, ohne dass wir uns dessen bewusst werden.

Menschlicher Geist und persönliches Bewusstsein sind unlösbar an unser Gehirn gebunden.

Das **vor- und unbewusste Geschehen** und damit die tieferen Antriebe unseren Entscheidens und Handelns genauer zu verstehen, dieser Herausforderung hat sich die **Psychoanalyse** seit ihren Anfängen vor über hundert Jahren gestellt. Was sie auf psychologischem Gebiet geleistet hat, wird auf naturwissenschaftlichem Gebiet zur großen Herausforderung für die moderne Gehirnforschung, vor allem für den Forschungsbereich der **„kognitiven Neurobiologie“**. Sie befasst sich mit der Erforschung unseres Bewusstseins, mit dem Denken, Erkennen, Lernen und Erleben.

Für unser Alltagsverständnis vielleicht gar nicht so überraschend, für die wissenschaftliche Diskussion aber überaus fruchtbar ist eine ihrer wichtigsten Aussagen über unser

Bewusstsein: **Kognitive Leistungen sind ohne emotionales Erleben nicht möglich**. Einfacher gesagt: Denken und Entscheiden sind ohne Gefühle nicht möglich.

Die Gefühle wiederum bilden die Brücke zum Unbewussten, sie reichen tief in den Quellbereich unseres Erlebens hinein. Gespeist aus Erinnerungen, die bewusst sein können oder bereits in den Bereich des Nicht-mehr-Bewussten abgesunken sind, sind **Gefühle** so etwas wie „Erfahrungsdestillate", sie **enthalten die Essenz des Erlebten**, wenn auch nicht jede Erinnerung bis in alle Einzelheiten.

Wie oft hört man nicht im Alltag den Ausspruch: „Ich weiß nicht genau, wieso ich das weiß, aber ich weiß und spüre, dass es für mich so ist – so und nicht anders."

Unser **Gehirn ist ein „selbstreferentielles System"** – es vermag Bezug zu nehmen auf seine in neuronalen Netzwerken gespeicherten Erfahrungen und dabei sich selbst, seine Situation und seine inneren Vorgänge, zu bewerten.

Gefühle sind die Destillate unserer Erfahrungen, sie enthalten deren Essenz.

Gefühle erleben wir immer dann, wenn unser Gehirn versucht, neue Eindrücke in das Gewebe archivierter Erfahrungen einzuordnen und daraus wichtige Informationen zu beziehen. Gefühle lassen sich also verstehen als das Erleben, welches entsteht, wenn unser Gehirn auf seine Erfahrungen zugreift. Eine faszinierende Vorstellung: auf alle Vorerfahrungen zugreifen zu können, ohne deren Sklave zu sein. Herz und Verstand in Einklang bringen zu können – im Vergleich zu der Vorstellung, dass rein rationale Entscheidungen die besten seien, ein wunderbar luxuriöses Unterfangen.

***

Nun können wir verstehen, was **Entscheidungs-Autonomie** bedeutet: Wenn ich meine Vorerfahrungen ernst nehme, aber mich nicht zwanghaft an sie binde, bin ich – obwohl ich keine voraussetzungslose, unumschränkte Willensfreiheit habe – doch nicht der Sklave meiner Vergangenheit und meiner Triebe. Ich kann mit **Achtsamkeit und Bewusstheit einen Bereich innerer Autonomie auftun und behaupten** – und durch meine Entscheidungen mein Leben mitgestalten.

Mit Achtsamkeit und Bewusstheit einen Bereich innerer Autonomie auftun und behaupten.

Durch Gewohnheiten und Verpflichtungen, Herkommen und Gebräuche, durch Partner, Familie, Arbeit und Gesellschaft sind mir Einschränkungen und Bedingtheiten auferlegt. Je häufiger und gekonnter ich jedoch meine Autonomie geltend mache im Umgang mit meinen inneren Voraussetzungen und Beschränkungen, desto mehr **Eigenständigkeit** entwickle ich gegenüber äußeren und inneren Zwängen – ich kann entscheiden, ob und wie ich sie flexibler ertragen, handhaben oder verändern werde. Darin liegt meine Freiheit begründet.

Kapitel 5

Die Weichen stellen
Der Weg zur guten Entscheidung

Jeder glaubt aus Erfahrung zu wissen, wie er beim Entscheiden am besten fährt:

„Ich treffe meine Entscheidungen aus der Ratio und finde die Ergebnisse sehr vernünftig." Oder: „Ich geh den Weg des Herzens." Oder: „Ich entscheide aus dem Bauch heraus." Oder: „Ich höre auf meine inneren Stimme."

„Schnell, kurz und schmerzlos" – oder auch: „Die beste Entscheidung ist ‚jein' oder ‚sowohl als auch', dann kann man nicht auf die Nase fallen."

„Mein Herz sagt Ja, doch mein Verstand sagt Nein."

SCHLAGER AUS DEN 1950er-JAHREN

Viele Wege, ein Ziel: richtig gut zu entscheiden, Fehlschläge zu vermeiden. Gerne berufen wir uns dabei auf unsere Erfahrung. Wie alles im Leben ist aber **auch Erfahrung ambivalent.** Natürlich können wir auch „falsche Erfahrungen" machen.

Ob wir uns nun stets zügig und knallhart oder eher zögerlich entscheiden, wahrscheinlich ist unsere größte Furcht, dass unsere Entscheidung sich gnadenlos gegen uns selbst wenden könnte, falls wir uns für die falsche Option entschieden haben, dass wir leiden werden. (Anette Charpentier)

Um sich keine blutige Nase zu holen, lohnt es sich jedenfalls, **das eigene Entscheidungs-Repertoire zu überprüfen – und notfalls zu ergänzen.**

„Ich gehe da nach meinem Gefühl, das ist unmittelbar und kein großer Aufwand." Subjektiv ist das richtig wahrgenommen – Gefühle lassen uns schnell, impulsiv, eindeutig und entschieden sein. Tatsächlich aber wird in unserem „Inneren" – in unserer Psyche und damit auch in unserem Gehirn – **jede Entscheidung ausführlich vorbereitet**. Dabei geschieht vieles unbewusst, „automatisch" – und zu Bewusstsein gelangt es erst, wenn alles schon entscheidungsbereit ist.

Nicht immer wissen wir, dass wir mit einer Entscheidung „schwanger gehen"!

„Der Star betritt die Bühne", aber nicht schon im Vorprogramm, sondern erst dann, wenn alles bestens vorbereitet ist.

Wenn man im Abspann eines Filmes sieht, wie viel Dutzende oder gar Hunderte von Mit- und Zuarbeitern den Auftritt unserer Helden überhaupt erst ermöglicht haben, mag man sich wundern, wie viel unspektakuläre, unsichtbare Vorarbeit für eine einzelne Filmszene erforderlich ist.

Der Star betritt die Bühne ganz zum Schluss …

So auch beim Entscheiden: **Entscheidungen haben immer einen langen Vorlauf!** Zunächst haben wir vielleicht nur das unbestimmte Gefühl, irgendetwas stimme nicht. Es braucht eine Weile, bis wir bewusster wahrnehmen: Da muss etwas geschehen. Sagen wir es offen: Von alleine geschieht nichts – *ich* habe eine Entscheidung zu treffen!

„Es gibt nichts Gutes, außer man tut es."
ERICH KÄSTNER

Das muss aber nicht „auf einen Streich" geschehen! Oftmals ist es ohnehin nötig, den Knoten so weit zu entwirren, dass wir die geeigneten Einzelthemen herauslösen können, die wir schon einmal **vorab Schritt für Schritt entscheiden** können nach dem bewährten Muster: Ja/Nein oder Wenn-dann – darin sind wir ja geübt und routiniert. Hauptsache, es kommt frischer Wind in die Stagnation! Wir dürfen dabei nur nicht vergessen, das Ganze im Blick zu behalten. Dann schält sich die eigentliche **Entscheidungs-Frage** immer klarer heraus.

Viele Einzelaspekte vorab entscheiden: Wenn-dann und Ja/Nein!

So tragen wir den großen Berg, den wir vor uns sehen, nach und nach ab. Pragmatisch orientierte Menschen setzen dann unverzüglich und entschlossen einen **Ent-**

scheidungs-Prozess in Gang. Oft sind gerade sie im äußeren Leben sehr erfolgreich, wo andere an der Komplexität der Aufgabe scheitern.

Wenn eine Entscheidungs-Frage schon restlos „verfilzt“ ist, weil zu lange, zu inkompetent, von zu vielen an einer Entscheidung „herumgedoktert“ wurde, dann kann ein **„Durchschlagen des Knotens“** nötig sein, um den Weg frei zu machen für neue Entwicklungen.

Sich auf das entscheidende Problem konzentrieren – statt sich selbst zu lähmen.

Antike Mythen berichten von solch heldenhaften Entschlüssen: Das Orakel hatte prophezeit, dass nur derjenige Asien gewinnen könne, der den Gordischen Knoten, den kunstvollsten und kompliziertesten aller Knoten, zu lösen verstünde. Viele kluge Männer scheitern daran, Alexander der Große aber durchschlägt ihn einfach mit seinem Schwert und die Welt steht ihm offen ...

An Einscheidungen nicht „herumdoktern“ – Problem-Filz vermeiden!

Dann wird es möglich, eine neue „Bestandsaufnahme“ zu machen – und gut darauf zu achten, Entscheidungs-Fragen nicht von neuem zu einem verfilzten Problem werden zu lassen!

Entscheidungs-Bedarf wahrzunehmen muss aber nicht immer bedeuten, dass man auch tatsächlich schon in der Lage und bereit ist, eine Entscheidung zu treffen. Es mag Monate oder gar Jahre dauern, bis diese **Entscheidungs-Bereitschaft** herangereift ist. Auch Alexander der Große und andere antike Helden standen nicht unerwartet vor ihren Bewährungsproben: Sie hatten **die Zeit, den Mut, das Können oder die Erfahrung**, sich auf das zentrale, das entscheidende Problem zu konzentrieren und innerlich vorbereitet zu sein, im richtigen Moment das Richtige zu tun – statt sich selbst zu lähmen mit der Angst vor den verheerenden Folgen eines Fehlschlags!

Manchmal aber glauben wir, „der Not gehorchend“ entscheiden zu müssen, ohne uns tatsächlich schon „reif“ zum Entscheiden zu fühlen. Wir wissen bereits, dass die meisten

Entscheidungs-Notfälle hausgemacht sind. Der **richtige Zeitpunkt** ist nicht zufällig: Es muss vieles zusammenpassen, bis grundsätzliche Lebensentscheidungen möglich werden.

Entscheidungen reifen lassen statt sie übers Knie zu brechen.

Rilke rät in seinen Briefen an einen jungen Dichter, „die Fragen selbst liebzuhaben" und empfiehlt, geduldig und aufmerksam die Antworten in sich reifen zu lassen. Ist eine Fragestellung erst einmal **„entscheidungsreif"** geworden, so bedeutet die Entscheidung keine Mühe mehr. Wie ein Originalschlüssel mühelos das Schloss öffnet, so öffnet eine ausgereifte Entscheidung die Tür zur Lösung. Dann haben wir das sichere Gefühl, **beizeiten richtig entschieden** zu haben.

Zur rechten Zeit die richtige Entscheidung treffen – sie passt wie der Schlüssel zum Schloss.

Das **Hinausschieben einer Entscheidung** kann somit auf der richtigen Wahrnehmung beruhen, dass ich mir noch unklar bin, noch zu wenig weiß, die Konsequenzen einer Entscheidung noch nicht absehen kann. Es kann aber auch ein Zeichen dafür sein, dass ich mich davor drücke, **Verantwortung zu übernehmen**, und lieber warte, bis die Dinge sich von alleine erledigen oder jemand anders für mich entscheidet.

Dabei ist es gar nicht so schwer, auch komplizierte Entscheidungs-Fragen gut zu handhaben. Wir dürfen uns nur nicht von dem Entscheidungs-Geflecht scheu machen lassen oder uns überfordern.

Entscheiden heißt: Verantwortung übernehmen.

Wenn ich darauf verzichte, eine Entscheidung übers Knie brechen zu wollen, muss ich aber auch bereit sein, mich auf einen **Entscheidungs-Prozess** einzulassen: Eine erste Teilentscheidung löst eine Entwicklung aus, lässt neue **Entscheidungs-Situationen** entstehen, die wiederum neue Informationen bereithalten. So ermögliche ich mir, den Überblick über den Prozess zu behalten: Ich kann in kurzen Abständen erneut und differenziert entscheiden.

Einen Entscheidungs-Prozess in Gang zu setzen bedeutet: differenziert wahrnehmen und entscheiden können.

Zur Zeit des Aktienbooms Ende der 90er-Jahre, als für einige Monate fast jede Aktie vom allgemeinen Aufwärtstrend mit nach oben gezogen wurde, wurden die heißen „Geheimtipps" am Stammtisch ausgetauscht.

Wer's bislang nicht getan hatte, musste es nun tun: an der Börse spekulieren. Viele – Börsenunerfahrene – waren überzeugt, mit einer einmaligen Entscheidung das große Geld zu machen: auf die gigantische Aktie zu setzen oder auf den Superfonds, sich dann zurückzulehnen, den Bankberater und Fondsmanager weiter entscheiden zu lassen und den Reichtum abwarten zu können. Weit gefehlt! Nur wer hart am Ball blieb, ständig informiert war und ein Händchen entwickelte für aussichtsreiche Aktien, konnte Gewinne rechtzeitig realisieren und Gewinn bringend reinvestieren.

***

Entscheidungs-Situationen lassen sich mit einiger Übung leicht **differenzieren und zuordnen:**

*Wir alle kennen ja Situationen, in denen unser Gehirn, unser Körper reflexartig reagiert, wir kennen auch die **Ja/Nein-Routine-Entscheidungen** und diese häufigen Entscheidungs-Situationen vom **Wenn-dann-Muster**, die wir auf immer gleiche Weise **stereotyp** beantworten können. Wie wir schon gesehen haben, laufen solche Entscheidungen fast automatisch ab, oft sogar ohne dass wir sie bewusst wahrnehmen.*

So richtig spannend, oft sogar schwierig wird es ja erst, wenn automatisierte Entscheidungs-Routinen einer anspruchsvolleren Situation nicht mehr gerecht werden. Dann sind wir bemüht, unser Wissen und unsere Erfahrung an die neue Situation anzupassen, unser **Entscheidungs-Verhalten zu modifizieren – oder gar: innovativ zu entscheiden.** Denn oftmals reicht unsere bisherige Erfahrung auch bei flexibler Anpassung nicht an die Lösung heran.

Das gilt es zu erkennen – denn dann dürfen wir **keine Sicherheit im Vertrauten mehr erwarten**. Jetzt müssen wir eine Kettenreaktion von kreativen Entscheidungen, innovativen Handlungen und unbekannten Entwicklungen in Gang setzen, die sich jedem Perfektionismus widersetzt.

Innovativ entscheiden = gekonnt improvisieren.

Flexibel müssen wir nun auf die jeweilige Situation reagieren – stets im „Hier und Jetzt" bei jedem Schritt **gekonnt improvisieren** und dabei umsichtig die relevanten inneren und äußeren Faktoren berücksichtigen.

„Ganz entspannt im Hier und Jetzt" – bei jedem Entscheidungs-Schritt.

Ist eine Entscheidung einmal getroffen, sollten wir sie ***genießen und auf ihre Tragfähigkeit vertrauen – solange sie sich nicht als falsch erweist:*** *Sonst entwerten wir, was an Entscheidungs-Arbeit bislang geleistet wurde, verunsichern uns selbst und unsere Umgebung und machen uns unglaubwürdig mit unserem Schlingerkurs.*

Entscheidungen vertrauen – solange sie sich nicht als falsch erweisen.

Vertrauen in getroffene Entscheidungen zu haben bedeutet jedoch nicht, blindlings geradeaus weiterzugehen, sondern stets aufmerksam die Ergebnisse und die sich verändernden Bedingungen wahrzunehmen – und hin und wieder, wenn Teilziele erreicht sind oder sich als nicht erreichbar herausstellen, **über Kurskorrekturen zu entscheiden**. Mit einiger Übung fängt dieses Spiel an, Spaß zu machen – vergleichbar der Freude daran, eine Sportart zu erlernen, darin kompetent zu werden und das zunehmende Können zu genießen.

Das nächste Kapitel wird ausführlich darauf eingehen, wie man unterschiedliche Entscheidungs-Situationen unterscheiden und angemessen reagieren kann.

Kapitel 6

Starten auf dem richtigen Gleis
Die Entscheidungs-Situation

Kopf, Herz und Bauch – unser gesamter Organismus, vor allem aber unser Gehirn trifft laufend Entscheidungen für uns. Nur zu einem winzigen Bruchteil dringen die Meldungen darüber in unser Bewusstsein – zum Glück! Müssten wir all die vielen tausend kleinen und großen Entscheidungen bewusst treffen, die unser Leben täglich ausmachen, wir würden es nicht bewältigen. Unser Gehirn erledigt das meiste selbständig: Es hat aus Erfahrung zuverlässig gespeichert, welche **Entscheidungs-Situationen reflexartig**, welche mit standardisiertem Vorgehen, also mit **gleichartig-stereotypen** Handlungen und welche **mit zuverlässigen Routinen** zu beantworten sind.

Nur ein Bruchteil unserer Entscheidungen steigt ins Bewusstsein auf.

Bewusst nachdenken, reflektieren und unsere Antwort anpassen – diesen „Aufwand" brauchen wir nur dann zu treiben, wenn unser „Radar" eine Entscheidungs-Situation als **neuartig** ortet. Auch wenn uns eine Situation in ihren Grundzügen bereits bekannt ist: *Neu* kann dabei die spezielle Variante oder die Komplexität ihres Auftretens sein.

Unser vertrauter „Tante-Emma-Laden", in dem jedes Ding seinen Platz hatte und Einkaufen schnell und einfach vor sich ging, ist einem Einkaufszentrum gewichen. Dort ist die Auswahl viel größer. Schon bei der Milch kann man aus zehn Sorten auswählen, beim Obst gibt es allerhand exotische Neuigkeiten und vieles zudem in Bio-Qualität – allerdings in einer eigenen Abteilung, und beim Shampoo blickt auch keiner mehr durch. Diese neue Vielfalt macht das Einkaufen unübersichtlich und zunächst aufwändig.

Deshalb kann das „Suchsystem" unseres Organismus, speziell unser Gehirn, in diesem Fall **keine hundertprozentig pas-**

senden Lösungen aus dem „Archiv" unserer Erfahrungen herausfiltern. Es wird daher die gängigen, „automatischen" Antworten – Entscheidungen von der Art „Ja/Nein" und „Wenn-dann" – als unzutreffend bewerten: als veraltet, unpassend oder unzureichend. Unsere Antwort wird somit bestenfalls zur „Naja ..."-Entscheidung geraten, mit der allerdings niemand so recht zufrieden sein kann.

Da muss man zunächst **nachdenken, bewährte Lösungen aus seinem Erfahrungsschatz abwandeln und anpassen**. Schnelle Entscheidungen sind nicht in Sicht. Häufig benötigt solch ein **reflektiver Entscheidungs-Prozess** einen langen Atem: viele **Einzelentscheidungen** sind erforderlich. Deren Auswirkungen werden durch Rückkopplung wiederum bestimmend für den nächsten Entscheidungs-Schritt.

Vergleichbar ist dieses Vorgehen mit den bekannten Suchprogrammen unserer Computer: Durchsucht wird der gesamte Datenbestand unserer Speichermedien nach einem vorgegebenen Suchbegriff. Ordnernamen, Dateinamen, aber auch Dateiinhalte werden überprüft. Häufig finden wir genau die Datei, die wir suchen. Zuweilen staunen wir, in welchem Kontext unser Begriff auftaucht. Manchmal lohnt es sich sogar, den Suchbegriff nur mit wenigen Buchstaben anzudeuten, die Maschen des Netzes recht weit zu halten, um möglichst viele ähnliche Bedeutungen und Zusammenhänge zu erfassen. Zuweilen aber haben wir das Gesuchte nicht präzise genug benannt und unser PC findet es nicht. Dann müssen wir unsere Fragestellung präzisieren, um zu einem brauchbaren Ergebnis zu gelangen.

Die richtige Frage ist schon „die halbe Miete".

Ausschlaggebend für eine erfolgreiche Entscheidung ist nun, dass ich mit mir ins Reine komme: Wie muss ich meine **Entscheidungs-Frage präzise formulieren**, damit sie mich der Entscheidung näher bringt? Ohne meine Frage sorgfältig zu präzisieren, werde ich keine wirklich passenden Antworten finden, keine wirklich guten Entscheidungen treffen können. Nur mit der richtigen Frage wird am Ende ein passgenaues Entscheidungs-Ergebnis stehen. Dieses allein vermag mit Leichtigkeit wie ein Präzisionsschlüssel die Türe zum Handeln zu öffnen.

Durch **die richtige Fragestellung** kann ich die Situation in einem anderen Licht sehen: Manchmal denke ich zu komplex; dadurch erscheint mein Entscheidungs-Problem komplizierter, als es ist – in Wirklichkeit geht es vielleicht nur um ein „Wenn-Dann". Oder die neu formulierte Frage stellt das Problem in einen anderen, erweiterten Kontext, in dem es überhaupt erst entscheidbar wird.

Passt der Schlüssel – meine genaue Fragestellung –, so öffnet sich mühelos das Schloss – mein Entscheidungs-Problem: Ich betrete einen Raum – meinen **Entscheidungs-Raum** –, den ich nun erkunden kann. Wie ist er beschaffen? Welche Dimensionen hat er? Welchem Zweck dient er?

Diese **Differenzierung der Entscheidungs-Situation** muss ich vornehmen; denn für verschiedenartige Situationen braucht man verschiedenartige Lösungen. Die wichtigste Frage muss also lauten: Was für **eine Art von Entscheidungs-Situation** habe ich vor mir?

Fragestellung	Klassifikation Entscheidungssituation	Entscheidungs-möglichkeit
Nein	REFLEX	Verweigern
Ja/Nein	STEREOTYP	Zustimmen/Verneinen
Entweder/oder	WAHL	Auswählen
Wenn/dann	ROUTINE	Konsequenz ziehen
sowohl/ als auch dies und das	ADAPTIV	Nachdenken, integrieren/ kombinieren
Leitbild Vision	INNOVATIV-KREATIV	Neue Möglichkeiten entwickeln

Abb.: Einteilungen der Entscheidungs-Situationen

Einfaches einfach, Komplexes komplex handhaben.

Wenn wir diese beiden Schritte übergehen – die Präzisierung der Fragestellung und die Festlegung der Entscheidungs-Situation –, dann geraten wir in einen „Teufelskreis des Sinnierens". Es kommt aber darauf an, dass wir **uns in die Lage versetzen, zutreffend entscheiden zu können**, denn sonst ergibt sich eine **unnötige Verkomplizierung** einfacher Fragestellungen:

Zwei Familien verabreden sich zum gemeinsamen Mittagessen im „Hirschen". Beim Aussteigen auf dem nahen Parkplatz – er scheint recht leer – fällt Renate plötzlich ein, dass das Restaurant jetzt in der Nebensaison geschlossen sein könnte. Man steht eine Weile und diskutiert mit allem Für und Wider, Wenn und Aber, und wo man sonst noch hingehen könnte. Ohne angemessene Fragestellung, ohne adäquate Antwort zieht eine Befürchtung die nächste nach sich: Aber … wenn man hätte reservieren müssen? Aber … wenn es voll ist? Aber … wenn die Kinder unruhig sind? Was tun, wenn …? Inzwischen quengeln die Kleinen tatsächlich, weil sie nicht mehr herumstehen, sondern endlich essen wollen: „Mir ist sooo langweilig!" Da setzt sich der Tross in Bewegung – die gute Stimmung allerdings ist dahin.

Banal? Gewiss. Nur eines der vielen kleinen Dramen des Alltags, in die wir häufig so „verliebt" sind – wer kennt sie nicht zur Genüge? Ein kleiner **„Entscheidungs-Countdown"** bringt schnell Klarheit:

- Gehe ich hin und sehe nach?
  ➔ JA/NEIN
- Wenn hier nicht geöffnet ist, fahren wir dann weiter zu einem anderen Restaurant?
  ➔ WENN/DANN
- Oder kehren wir um und machen es uns zu Hause gemütlich?
  ➔ ENTWEDER/ODER

Erfolgreicher wäre das Treffen verlaufen, hätte man eine einfache Frage auch einfach gehandhabt: Die angemessene Reaktion auf Renates Frage ist nun mal nicht ein langes „gemeinsames Erörtern" aller Bedenken!

Sorgfalt beim Entscheiden macht sich unmittelbar bezahlt.

Andererseits: Wenn Situationen so komplex sind, dass uns die nötigen Entscheidungen über den Kopf wachsen, wenn man sich im **Entscheidungs-Dilemma** zwischen gleichwertigen Alternativen erlebt, wenn uns die Last der möglichen Konsequenzen zu erdrücken droht, dann neigen wir oft zu einer **ungeeigneten Vereinfachung**: Wir manipulieren gedanklich die Entscheidungs-Situation, um sie handlich zu machen für eine einfachere Entscheidungs-Technik: Statt mühsames Nachdenken auf uns zu nehmen, entscheiden wir kurzerhand nach dem „Ja/Nein"-Schema oder nach der „Wenn-dann"-Methode. Momentane Erleichterung ist uns gewiss, auch das befreiende Gefühl, den Durchbruch geschafft zu haben.

Ebenso gewiss jedoch werden wir die Folgen dieser unzureichenden Entscheidungs-Sorgfalt belastend zu spüren bekommen. Die fehlende Umsicht solchen Entscheidens wird sichtbar werden in einem Ergebnis, das persönlich und sozial schlecht verträglich ist und kaum nachhaltig sein kann.

Für das chirurgische Ärzteteam einer Krankenhausabteilung ist wieder einmal der Dienst- und Urlaubsplan zu erstellen. Die vielfältigen, oft gegenläufigen Belange und Interessen von Vollzeit- und TeilzeitmitarbeiterInnen sind zu berücksichtigen, außerdem eingeschränkte Nachtdienstverpflichtungen. Rücksicht ist zu nehmen auf dringliche Urlaubswünsche von KollegInnen mit schulpflichtigen Kindern. Keine beneidenswerte Aufgabe! Stellenbeschränkungen und die kürzere Verweildauer der Patienten haben den Arbeitsdruck in der Abteilung ohnehin erhöht: Für ein längeres „Palaver" im Team scheint keine Zeit vorhanden.

Der zuständige Chefarzt entscheidet, wie er es aus seiner Tätigkeit als Chirurg kennt – täglich muss er Dutzende wichtiger Operationsentscheidungen treffen, schnell und direktiv. Genauso kurz und bündig entscheidet er über die Dienstplanprobleme.

Ohne weitere Diskussion legt er den Plan nach bestem Wissen fest – Priorität haben die Interessen der Abteilung.

Es kommt, wie es kommen muss: Kaum ist der Dienstplan ausgehändigt, hagelt es Änderungswünsche und Proteste. Das ohnehin prekäre Arbeitsklima ist wieder einmal akut belastet.

Grundsätzliches **Entscheider-Wissen** wurde hier übersehen: Solch komplexe Entscheidungs-Aufgaben können niemals zufrieden stellend in einem einzigen Schritt bewältigt werden – schon gar nicht, wenn **innerhalb eines Teams** Fragen zur Entscheidung anstehen. Hier braucht es vor allem Dialogbereitschaft, Flexibilität und Interessenausgleich. Wo der Aufwand der Verständigung gescheut wird, kann nur mit disziplinarischem Druck erreicht werden, dass die MitarbeiterInnen die Regelungen hinnehmen, statt sie bereitwillig anzunehmen. Die Alternative wäre, durch Förderung von **Ausgleich und Übereinkunft (Konsens)** eine hohe Akzeptanz der Lösungen zu erzielen.

Dialog und Verständigung machen auch unbequeme Entscheidungen akzeptabel.

***

Zuweilen werden **Entscheidungs-Folgen** allerdings so spät erkennbar oder sie stehen in einem so komplexen Zusammenhang, dass wir sie nicht mehr als Ergebnisse und Folgen vorangegangener Entscheidungen wahrnehmen können. Außerdem sind uns die Konsequenzen auch reichlich gleichgültig, wenn Genuss, Belohnung oder Entlastung unmittelbar bevorstehen. Somit unterbleiben wichtige Bedingungen für kompetentes Entscheiden: Übernahme von Verantwortung und Lernen aus den Folgen. Nachhaltige Entscheidungen aber bedenken die Folgen und sind aufwändig und anspruchsvoll.

Verantwortliche Entscheidungen sind nachhaltig zu bedenken.

Bekannte Beispiele auf persönlicher, aber auch politischer Ebene sind der wahrscheinlich durch menschliche Einwirkung verursachte globale Klimawandel und die Ent-

sorgung von Atommüll – die verantwortliche Entscheider-Generation wird die wesentlichsten Auswirkungen nicht mehr selbst erleben.

Leichtfertige Entscheidungen, einmal getroffen, können **Gewohnheiten** bilden, die später nicht mehr überprüft werden, weil sie automatisiert worden sind. Wenn es schon Gewohnheit ist, wird das Zigarettenrauchen längst nicht mehr als gesundheitsgefährdend erlebt.

Jugendliche, die sich heute für das Zigarettenrauchen entscheiden, haben mit wesentlichen gesundheitlichen Folgen erst Jahrzehnte später zu rechnen. Dann aber werden sie die eventuelle Erkrankung an Lungenkrebs nicht mehr in Zusammenhang bringen können mit ihrer lange zurückliegenden Entscheidung.

Spontanes Entscheiden kann nicht nachhaltig sein. Nachhaltiges Entscheiden braucht Reflexion.

Langfristige Auswirkungen werden im spontanen **Entscheidungs-Moment** selten bestimmend – dafür hat die Evolution den Verstand von uns Zivilisationsmenschen schlecht ausgestattet. Hier muss unsere Bereitschaft einsetzen, bewusst das Nachdenken über langfristige Zusammenhänge zu schulen und die Fähigkeit zu **nachhaltigem Entscheiden** zu trainieren.

Unsere Vorfahren wussten viel besser als wir – und manche Naturvölker wissen das noch heute –, wie sie ihren Nachkommen die natürlichen Lebensgrundlagen erhalten konnten. Viele Mythen und manche religiösen Vorschriften zeugen davon. Sie hatten jedoch historisch nicht die Mittel für globale Veränderungen und standen daher nicht in derselben Entscheidungs-Verantwortung wie wir heute. Die Kompetenz für solche langfristigen gesellschaftlichen Entscheidungen konnten sie daher nicht an uns weitergeben – damit haben wir heute zu ringen. Außerdem hatten sie zu sehr ums Überleben zu kämpfen, und ihre Lebenserwartung war niedriger als die unsere. Daher konnten sie persönlich langfristige Folgen ihrer Entscheidungen über Jahrzehnte nicht mehr erleben.

In **Notsituationen** allerdings müssen Entscheidungen meist schneller getroffen werden, als wir nachdenken können. Um dann zügig zu handeln, ist es sogar notwendig, die Komplexität der Situation auf ihren wesentlichen Kern zu reduzieren! In komplexen Notsituationen macht nur **viel Übung und reichlich Erfahrung** ein kompetentes, schnelles Entscheiden zuverlässig möglich.

Erfahrung ermöglicht schnelles und kompetentes Entscheiden in Notfällen.

Die Analyse von Entscheidungs-Ergebnissen bei Feuerwehrleuten, Offizieren und Notärzten hat gezeigt, dass ***optimale erfahrungsbezogene Entscheidungs-Kompetenz*** *erst nach ca. zehn Jahren täglicher Berufspraxis erreicht wird. (Klein 2003; vgl. Literaturverzeichnis) So viele Jahre täglicher Übung braucht man, so viel Erfahrung in vielfältigen kritischen Situationen muss man sammeln können, dass der Kern einer Gefahrensituation „auf einen Blick" zuverlässig erfasst und die richtigen Entscheidungen zuverlässig getroffen werden können.*

Grundvoraussetzung für bestmögliche Entscheidungen ist also zunächst eine zutreffende Diagnose der Entscheidungs-Situation – nach ihr richtet sich dann das weitere Vorgehen.

Wir sehen dabei eine klare „Scheidelinie" verlaufen zwischen

- einfachen Situationen einerseits, die für reflexartige, stereotype oder Routine-Entscheidungen geeignet sind, und
- komplexen Situationen andererseits, denen nur durch reflektierende, adaptierende Entscheidungen angemessen begegnet werden kann.

Für völlig neuartige Situationen hingegen braucht es innovative Entscheidungen. Dabei ist das Vorgehen ein ganz anderes. Wie man **kreativ entscheidet**, beschreibt das nächste Kapitel.

Kapitel 7

Sonderzug
Kreativ-innovative Entscheidung

„Was soll ich nur tun?! Tag und Nacht überlege ich, schlafe schon nicht mehr richtig – aber am Ende kann ich mich wieder nicht entscheiden." – Wie oft höre ich als Entscheidungs-Berater solche Klagen!

Tatsächlich kann solch ein **Entscheidungs-Dilemma** zu einer massiven psychischen oder gar gesundheitlichen Belastung werden. Dabei kann eine solche Unentschlossenheit zunächst einmal ein Hinweis darauf sein, dass die vorliegende Fragestellung lebensgeschichtlich so neuartig ist, dass im Speicher unserer Erfahrungen überhaupt keine auch nur einigermaßen vergleichbare Situation abrufbar ist.

Das gilt es zu verstehen, um keine falschen Schlüsse aus einer Lage zu ziehen, die man meist als unangenehm empfindet und oft als eigenes „Versagen" interpretiert. In Wirklichkeit ist einfach **keine fertige Lösung** vorhanden – nicht einmal eine, die passend genug wäre, um angepasst werden zu können.

Not macht erfinderisch – auch beim Entscheiden.

Kein Wunder, dass solche Situationen kaum lösbar erscheinen, uns in endloses Abwägen, in einen **„Entscheidungs-Notstand"** bringen können. „Not macht erfinderisch" – und erfordert ein ganz anderes, ein **kreatives, innovatives Vorgehen**. Dann ist eine echte Innovation, eine „Erfindung", eine Neuschöpfung gefragt!

Frau S. war Anfang 20, als sie – unzufrieden mit der Entwicklung in ihrem gelernten Beruf als technische Zeichnerin – sich nach einer anderen Betätigung umzusehen begann. Sie hatte eigentlich recht gerne gezeichnet, aber dann hatte ihr Chef ihr eröffnet, dass er keine Arbeit mehr für sie habe, außer sie lasse sich zur CAD-Zeichnerin ausbilden. Diese Umstellung wollte sie nicht mitvollziehen, denn schon die bisherige Tätigkeit ent-

sprach eigentlich nicht ihren Neigungen. Um Anregungen für ihre ***Berufs-Entscheidung*** *zu bekommen, hatte sie monatelang Stellenangebote studiert, alle verfügbaren Informationen über Berufe gesammelt, die ihr mit ihrem Realschulabschluss zugänglich wären – und war dennoch zu keiner Lösung gekommen. In dieser quälenden Lebenslage nahm sie an einem meiner Seminare „Den eigenen Weg gehen – kreative Ausbildungs- und Berufsplanung" teil.*

Den eigenen Weg gehen – kraftvolle Visionen entwickeln.

Am Ende des ersten Abends war für Frau S. klar: Für ihre Entscheidung nutzte es ihr nicht wirklich, zunächst Informationen anzuhäufen; vielmehr ging es in erster Linie darum, ***eine kraftvolle berufliche „Vision" zu entwickeln, die sie motivieren und leiten*** *konnte. Ein alter Berufstraum aus ihrer Teenagerzeit tauchte wieder auf: damals wollte sie Lehrerin werden. Aus einer Arbeiterfamilie stammend, hatte sie sich Abitur und Studium jedoch nicht zugetraut. So war sie eben dem Rat des Vaters gefolgt, eine Lehre zu machen in einem ebenfalls „krisenfesten Frauenberuf".*

Nun endlich konnte Frau S.' Mädchentraum, Lehrerin zu werden, reifere Gestalt annehmen. Sie war jetzt in der Lage, ihre Möglichkeiten und ihre Motivation eigenständig zu prüfen. So verdichtete sich ihr Traum zu einer deutlichen Vision. Im Verlauf des Kurses festigten sich ihr Wille und ihre Entschlossenheit, alles zu tun, um ihr Ziel zu erreichen. Sie wusste: Es würde kein einfacher Weg sein, das Abitur nachzumachen und dann an einer Pädagogischen Hochschule zu studieren. Aber sie war nun fest entschlossen, ihn zu gehen.

Erst jetzt, ***nachdem*** *sie diese mutige und kreative Entscheidung getroffen und bei sich gefestigt hatte, war es an der Zeit, sich zielgerichtet Informationen zu beschaffen und die erforderlichen Schritte zu tun. Geleitet von ihrer persönlichen Vision überstand sie im Laufe ihrer mehrjährigen Ausbildung so manche Krise und ist heute eine engagierte Hauptschullehrerin – und trotz der hohen Belastungen in diesem Beruf froh, dass sie damals doch noch den Mut und die Kraft fand, ihren eigenen Weg zu finden und ihn entschlossen zu gehen.*

Die geschilderte Entwicklung zu dieser erfolgreichen Lebensentscheidung macht eines ganz deutlich: Oftmals genügt es absolut nicht, bereitstehendes Entscheidungs-Wissen einfach durch Informationen zu ergänzen und zu hoffen, dass man dann zu einer tragfähigen Entscheidung kommt!

Im Wissen darum, dass in ihrem Zeichnerinnenberuf eine neue Ära anbrach, war Frau S. klar gewesen, dass sie sich neue Kenntnisse aneignen musste.

Wäre Frau S. so vorgegangen, wie ihr empfohlen wurde, dann hätte sie sich zunächst Informationen verschafft über Weiterbildungen im computergestützten Zeichnen – und hätte nicht zu dem Beruf gefunden, in dem sie ihre Bestimmung sah.

Unzufriedenheit und Unentschlossenheit sind keine Charakterschwäche.

Ihre **Unzufriedenheit und Unentschlossenheit** waren keine „Charakterfehler", sondern wichtige Anzeichen dafür, dass eine umfassendere, grundsätzlichere Entscheidung anstand als „lediglich" eine weiterführende Ausbildung im bisherigen Beruf.

Bevor sie nicht zu dieser **grundsätzlichen Entscheidung** gefunden hatte, hätte es ihr nichts genutzt, erst einmal Informationen über Informationen zu sammeln. **Zielführend informieren** konnte sie sich erst, als ihr Ziel klar bestimmt war: Erst dann konnte sie kompetent auswählen und angemessen bewerten, was sie an Informationen brauchte.

Bei einer solch grundsätzlichen Entscheidung genügt die bloße Anpassung an die neuen Gegebenheiten nicht. Hier muss man bereit sein, nicht nur einen, sondern sogar mehrere Schritte zurückzugehen und an einem viel früheren Punkt wieder anzusetzen: in unserem Beispiel an dem Jugendtraum.

Träume und Phantasien zu Visionen gestalten.

Kreativität – wie oft ist dieser Begriff benutzt worden für inkompetentes und undiszipliniertes Denken! Dadurch kam er in Misskredit. Hier aber können wir **genau bestimmen, was Kreativität beim Entscheiden bedeutet:** In Situationen, die so neu und ungewöhnlich sind, die so risikoreich erscheinen, müssen wir alle Aufmerksamkeit auf unsere **Träume und Phantasien** legen, sie **zu Visio-**

nen verdichten und aus diesen Visionen die angemessenen Handlungsschritte ableiten.

Geleitet von prägnanten Leitbildern, können nun Informationssuche und -auswahl gezielt erfolgen: Aus meiner „Vision" kann ich ableiten, welche Kenntnisse erforderlich sind, um an meinem Ziel anzukommen. Das ist ein Wagnis, ein Weg geringer Sicherheit, möglicherweise sind Zweifel, Anfechtungen und Krisen durchzustehen. Wenn ich aber **meinem Leitstern täglich Kraft gebe**, kann ich auch die Kraft aus ihm ziehen, die erforderlich ist, um Tag für Tag „dranzubleiben" – selbst wenn ich einmal entmutigt bin.

Kreativ entscheiden – nicht willkürlich, sondern mit Methode!

Herr M., 51, bisher kaufmännischer Direktor eines großen Münchner Unternehmens in der Baubranche, wird durch Fusionen und Umstrukturierungen in seinem Gesamtunternehmen „freigesetzt". Eine gute Abfindung und die Aussicht auf ein akzeptables Arbeitslosengeld erleichtern ihm den Abschied von der Firma, mit der er sich nicht mehr identifizieren kann. Er freut sich, die Übergangszeit nutzen zu können, um eine neue berufliche Existenz aufzubauen. Er beginnt, allerhand Informationen darüber zu sammeln, welcher Art diese neue Tätigkeit sein könnte. Doch wonach sollte er suchen? Nach einem Job, bei dem er weiterhin so gut oder gar besser verdienen würde als bisher? Aber mit 51 – würde er da noch solch eine Anstellung finden? Vielleicht wäre auch eine Tätigkeit angemessener, die ihm mehr Freizeit lassen würde? Oder vielleicht …

„Und jedem Anfang wohnt ein Zauber inne, der uns beschützt und der uns hilft zu leben."
HERMANN HESSE

Auf die Frage, welchen Beruf er sich als Jugendlicher gewünscht hätte, gesteht Herr M. sich ein, dass er eigentlich viel lieber alte Häuser in der Toskana saniert und renoviert hätte statt zu studieren und eine Position in einer Finanzabteilung zu übernehmen. Wie oft hatte er sich gesagt: „Ich vergeude mein Leben durch Arbeit."

Als er merkte, wie stark dieser unerfüllte Jugendtraum noch immer war und wie sehr er sich darauf freute, ihn jetzt verwirk-

lichen zu können, desto mehr wurde aus dem Traum eine ***handlungsleitende Vision****. Als er erst einmal entschlossen war, alles zu tun, um sie auch leben zu können, schaffte Herr M. sämtliche notwendigen Voraussetzungen dafür. Er brachte die meisten seiner persönlichen Verpflichtungen zu einem guten Ende. Er löste sich sogar von seiner Lebensgefährtin, die sich in seinem Traum nicht wiederfinden konnte. Dann arbeitete er für eine Weile am Bau, informierte sich über Methoden und Techniken der Renovierung historischer Gebäude – bis er wusste, welche Informationen er auszuwählen und welche er zu ignorieren hatte. Nach insgesamt einem Jahr war er so weit: Endlich konnte er in den Süden umziehen und dort das erste sanierungsbedürftige Haus kaufen – und beginnen, sich seinen Lebenstraum zu erfüllen.*

Kreativ entscheiden – Erfahrungsebenen vernetzen

- In prägnanten Visionen dem Lebenssinn Gestalt geben.
- Mit emotionaler Kraft beginnen und zielgerichtet handeln.
- Mit klarem analytischen Verstand Entscheidungen kontrollieren.
- Mit festem Willen das Ziel erreichen – auch gegen Widerstände.

Kapitel 8

Pünktlich – sicher – zuverlässig
Das Entscheidungs-Risiko

Unerwartete und neuartige Ereignisse können jederzeit eintreffen und den Erfahrungshorizont übersteigen.

Ob es besser wird, wenn es anders wird, weiß ich nicht.
Dass es aber anders werden muss, wenn es besser werden soll, weiß ich. G. C. LICHTENBERG

Wie könnte man eine solche Entscheidungs-Situationen besser beschreiben? „Einmal ist immer das erste Mal" – und manche Entscheidungen trifft man nur ein einziges Mal im Leben: Man entscheidet sich schließlich nicht alle Tage, das Elternhaus zu verlassen, zu heiraten, Kinder zu zeugen, sich scheiden zu lassen, sich selbständig zu machen – und nicht alle Tage muss man in einer Notsituation, etwa bei einem Unfall, schnell und richtig handeln! Da kann man beim besten Willen nicht wirklich fundiert und erfahren entscheiden: Hier müssen Sie unter **hoher Unsicherheit**, oftmals unter Zeitdruck und mit wenig oder ohne Vorerfahrung handeln.

> Seltene Lebensentscheidungen treffen wir ohne genügend Erfahrung, um kompetent zu entscheiden.

Da ist die Versuchung groß, die Wirklichkeit zu vereinfachen und durch „Schnellschuss-Entscheidungen" die Flucht nach vorne anzutreten.

Gerade in **akuten Notlagen** aber ist es entscheidend, komplexe Situationen in ihrem wesentlichen Kern zu erfassen, um schnell handeln zu können.

> Vorsicht bei Schnellschuss- und Torschluss-Entscheidungen!

Herr L., 45 Jahre, lebt seit über 15 Jahren mit seiner 13 Jahre älteren Frau zusammen. In den Anfangsjahren der Ehe war das Thema „Kinderwunsch" gelegentlich an der

Tagesordnung. Man war sich bewusst, dass eine zügige Entscheidung erforderlich sein würde, aber beiden Partnern schien der Wunsch nach einem Kind kein dringliches Bedürfnis zu sein. In den letzten zwei Jahren jedoch gelangte Herr L. zu der Überzeugung, dass er für seine Lebenserfüllung ein eigenes Kind brauchte. So trennte man sich mit Bedauern, aber einvernehmlich.

Schon nach kurzer Zeit lernt Herr L. eine jüngere Frau kennen, die sich ebenfalls ein Kind wünscht. Motiviert durch den starken Kinderwunsch entschließen sich die beiden, ein hohes Risiko auf sich zu nehmen: Bereits nach wenigen Wochen ziehen sie zusammen und erwarten schon bald ihr erstes Kind.

Trotz gelegentlicher Spannungen in ihrer neuen Partnerschaft überstehen sie aufkommende Zweifel an der Richtigkeit ihrer Entscheidung gemeinsam: Ihre kraftvolle „Vision" von einem Familienleben gibt ihnen eine ***starke Motivation****, sich immer wieder für das Zusammensein zu entscheiden. Entschlossen und flexibel stellen sie sich der ungewöhnlichen Herausforderung, gleichzeitig ein Liebespaar und eine Familie zu werden.*

Hohes Risiko erfordert hohe Motivation – hohe Motivation fördert hohe Risikobereitschaft.

Hier ermutigte die hohe Motivation die beiden Partner zu einer schnellen **Entscheidung unter hohem Risiko.** Bei solchen Entscheidungen kann man viel gewinnen oder alles verlieren (siehe Abb. S. 73)

***

Ganz anders stellt sich die Situation dar, wenn eine langfristig verpflichtende Entscheidung getroffen werden soll, während man sich in einer Partnerschaft unsicher ist oder sie im Zwiespalt erlebt – dann ist absehbar, dass das **Entscheidungs-Risiko zu hoch** ist!

Seit fast 10 Jahren lebt und wohnt Frau M. aus Hildesheim mit ihrem 55-jährigen Lebenspartner zusammen, einem freiberuflich tätigen Architekten. Nach einigen Jahren beruflicher Unsicherheit sprudeln jetzt die Aufträge wieder; er muss beruflich oft tagelang verreisen. Die Wochenenden von Herrn Z. sind mit vielen Verwaltungstätigkeiten ausgefüllt; während der Woche kommt er erst spät abends nach Hause.

Objektiv	*Subjektiv*
1. Entscheiden unter Sicherheit	
Die eintretende Situation ist *grundsätzlich* bekannt.	Die eintretende Situation ist *mir* bekannt.
2. Entscheiden unter Unsicherheit	
Die eintretende Umweltsituation ist *grundsätzlich nicht* mit Sicherheit bekannt.	Die eintretende Umwelt situation ist *mir nicht* mit Sicherheit bekannt.
Man unterscheidet dabei weiter in:	
2.1 Entscheiden unter Risiko:	
Die Wahrscheinlichkeit für die möglicherweise eintretende Unsicherheit ist *grundsätzlich* bekannt.	Die Wahrscheinlichkeit für die möglicherweise eintretende Unsicherheit ist *mir* bekannt.
2.2 Entscheiden unter Ungewissheit:	
Die möglicherweise eintretenden Umweltsituationen sind *grundsätzlich* bekannt, deren Eintrittswahrscheinlichkeit *grundsätzlich nicht.*	Die möglicherweise eintretenden Umweltsituationen sind *mir* bekannt, deren Eintrittswahrscheinlichkeiten *mir* aber *nicht.*
3.1 Entscheiden mit ausreichendem Wissen:	
Über Voraussetzung und Folgen der Entscheidung gibt es *grundsätzlich* ausreichendes Wissen.	Über Voraussetzung und Folgen der Entscheidung kann *ich mir* ausreichen- ausreichendes Wissen und Kompetenz aneignen.
3.2 Entscheiden unter Unwissenheit:	
Über Voraussetzung und Folgen der Entscheidung gibt es *grundsätzlich kein* genügendes Wissen.	Über Voraussetzung und Folgen der Entscheidung kann *ich mir kein ausreichendes* Wissen beschaffen.

Abb.: Differenzierung von Entscheidungs-Sicherheit

In den zurückliegenden Jahren war Herr Z. mangels Aufträgen hingegen viel zu Hause gewesen und hatte die Hausarbeit zu großen Teilen übernommen. Frau M., eine engagierte Lehrerin an einer Gesamtschule, mochte diese Situation sehr, denn sie legt Wert auf partnerschaftliche Häuslichkeit. Sie wird mit der jetzt selteneren Anwesenheit ihres Partners sehr schlecht fertig; das Gleichgewicht in Beziehung und Haushaltsführung hat sich komplett verlagert. Auf Dauer möchte sie nicht so häufig allein sein.

Auch gibt es Hinweise dafür, dass es Herr Z. auf seinen Geschäftsreisen mit der partnerschaftlichen Treue nicht sehr genau nimmt. Einer Diskussion über diese Veränderungen und die Bedürfnisse von Frau M. weicht er mit dem Hinweis auf seine Arbeitsbelastung ständig aus. So denkt Frau M. jetzt öfter an eine Trennung.

In dieser Situation kommt ihr Partner gegen Jahresende mit dem aus steuerlichen Gründen zeitlich drängenden Vorschlag auf sie zu, sie könne sich doch an einem gemeinsamen Hauskauf beteiligen. Er plant beieinander liegende Geschäfts- und Wohnräume. Aufgrund der guten geschäftlichen Entwicklung möchte er noch im laufenden Jahr investieren. Gleichzeitig erhofft er sich auf diesem Wege eine Festigung der Partnerschaft. Seine Argumente erscheinen finanziell vernünftig, Frau M. macht sich mit ihm zusammen auf Immobiliensuche.

Unsichere Partnerschaft – zu hohes Entscheidungs-Risiko.

Das eigentliche Problem ihrer Partnerschaft tritt dadurch jedoch völlig in den Hintergrund. Während die beiden nun im nasskalten Frühwinterwetter von Besichtigung zu Besichtigung fahren, erkältet sich Frau M. und verliert durch eine Kehlkopfentzündung für Wochen ihre Stimme – denkbar ungünstig für eine Lehrerin! Zudem fühlt sie sich unruhig, getrieben und unglücklich. Wie immer man den Verlust ihrer Stimme symbolisch sehen mag: die Aussicht auf den gemeinsamen Kauf eines Hauses, in dem Wohnung und Architekturbüro zusammengeführt werden können, gibt ihr Hoffnung auf mehr Nähe und ein besseres Gelingen der Partnerschaft.

Noch Ende November findet man ein geeignetes Objekt und für Dezember ist die Vertragsunterzeichnung vereinbart. Während einer schlaflosen Nacht jedoch, kurz vor dem Notartermin, entscheidet sich Frau M. zum Entsetzen ihres Partners, den Kaufvertrag nicht zu unterschreiben! Ihr sei klar geworden – so legt sie ihrem Partner dar –, dass ihr eigentliches Anliegen, nämlich das partnerschaftliche Zusammenleben, durch einen Hauskauf nicht wesentlich verbessert werde; dass für einen gemeinsamen Hauskauf nicht der richtige Zeitpunkt, die Grundlage ihrer Partnerschaft zu unsicher sei. Steuerliche Argumente hin oder her: Zuerst müsse die Partnerschaft wieder stabil werden, bevor man sich auf so weitgehende finanzielle Verpflichtungen verständigen könne.

Wieso zunächst das Einverständnis, dann diese Absage, diese **Kehrtwendung um 180 Grad?** Was hält Frau M. davon ab, bei ihrer anfänglichen Entscheidung zu bleiben? Es gibt finanzielle Argumente, gewiss. Gewichtiger aber ist ihr Wunsch nach einer Festigung der Partnerschaft – und sei es durch gemeinsamen Besitz.

Zögern – ein Warnsignal bei zu hohem Entscheidungs-Risiko.

In der besagten schlaflosen Nacht jedoch nimmt ihre Sorge überhand, einen falschen Entschluss zu fassen: Frau M. erkennt, wie hoch das Entscheidungs-Risiko in Wirklichkeit ist, bei einer unsicher gewordenen Partnerschaft langfristige finanzielle Verpflichtungen einzugehen. Die Situation erscheint ihr zu Recht unübersichtlich und erinnert sie zudem daran, wie sie sich in einer kritischen Phase ihrer früheren Ehe für ein zweite Schwangerschaft entschieden hatte, in der falschen Hoffnung, damit die Beziehung kitten zu können …

Sich bei hohem Risiko vom „besseren Wissen und Gewissen" leiten lassen!

Wider ihr – zunächst noch nicht deutliches – „besseres Wissen“ erhofft Frau M. sich zunächst noch, durch gemeinsamen Besitz die Partnerschaft zu festigen – bis sie endlich, durch Krankheit aufgerüttelt, einer vergleichbaren Vorerfahrung Beachtung gibt.

Jetzt erst kann sie nüchtern entscheiden, ohne daran zu zweifeln: das Entscheidungs-Risiko ist zu hoch. Zuerst die Partnerschaft festigen, dann erst das passende Haus kaufen!

***

Wenn Lebenssituationen hingegen problemlos, wohl vertraut und geläufig sind, kommt uns oft nicht einmal zu Bewusstsein, dass wir Entscheidungen treffen. Wo aber alte Lösungen nicht mehr funktionieren und neue noch nicht in Sicht sind, wo eine Situation erstmals im Leben auftritt und viele Faktoren bedacht werden müssen, da erleben wir die anstehende Entscheidung als schwierig, manchmal sogar als schier unmöglich. Das Risiko erscheint uns zu hoch, die Entscheidung wie ein **gewagter Drahtseilakt ohne doppelten Boden.**

> Entscheidungen mit hohem Risiko sind wie ein Drahtseilakt ohne doppelten Boden.

Dann erleben wir uns als ungeübt, ohne jede Erfahrung und Kompetenz, um mit der Entscheidungs-Situation zurechtzukommen. Wir müssen befürchten, beim nächsten kleinen Schritt abzustürzen – ungesichert, ohne Seil und Haken, oftmals ohne verlässliche **„Sicherungspartnerschaft"**. Wie könnte man hier einen **„Sprung ins Ungewisse"** wagen, wie uns ein innerer Druck oder wohlmeinende Freunde und Verwandte dann oft raten? Wir brauchen keine tollkühnen Helden zu sein, um richtig und gut zu entscheiden! Mut – ja, Waghalsigkeit: nein! Wir zögern zu Recht und suchen zunächst genügend Sicherheit – wie es jeder geübte Bergwanderer ganz selbstverständlich tut.

> Ohne Rücksicht auf Verluste entscheiden? – Mut ja, Waghalsigkeit: nein! Tollkühne Helden sind keine guten Entscheider.

Andererseits wollen wir auch nicht dem Beispiel der **„Entscheidungs-Muffel"** unter unseren Bekannten folgen, die zeitlebens nur den vorgezeichneten Weg gegangen sind und niemals über die Richtung ihres Lebens eigenständig und selbstverantwortlich nachgedacht haben. Solche Menschen haben oft nicht einmal *vermieden*, Entscheidungen zu treffen. Über die Jahre **fest in**

einen Kokon von Sicherheiten eingesponnen, haben sie noch niemals erlebt, wie belastend, wie quälend, aber auch wie herausfordernd und spannend es sein kann, sich einer Lebenssituation gegenüberzusehen oder sie gar bewusst herbeizuführen, die völliges **Neuland** bedeutet. Es zu betreten wird ein Abenteuer sein – **Entscheidungen voller Erwartung und Bangen, voller Spannung und Hingabe**.

Frau B. hat die Nase voll von ihrem Job, vom langen Winter in Norddeutschland, ihre Ehe ist am Ende und sie träumt davon, in Brasilien ein neues Leben zu beginnen. Sie war im letzten Urlaub in Salvador/Bahia und traf in einem Dorf nette Leute, von denen sie sich ermuntert fühlte auszuwandern und dort ein kleines Geschäft zu eröffnen.

Frau B. findet sich in einer ganz neuen Lebenssituation. Noch nie hat sie gewagt, ***so weitreichende, eigene Phantasien als real und verwirklichbar ins Auge zu fassen****, noch nie war sie mit dieser Art von Entscheidung befasst, all das ist völlig ungewohnt für sie. Da sie wohl behütet aufgewachsen ist und früh geheiratet hat, bisher immer in derselben Firma angestellt war, hat sie auch keine Übung oder Erfahrung darin, ihr Leben so grundsätzlich selbst in die Hand zu nehmen.*

Niemals zuvor hätte sie gewagt, so ungewöhnlich erscheinende Lösungen zu erträumen, viel weniger noch, sie in die Tat umzusetzen. Wenn sie an die vielen Schritte denkt, die nach und nach zu machen wären, die sie nur erahnt und sich zum großen Teil noch nicht einmal vorstellen kann, dann kann ihr schon ganz bange werden. Sie schläft zunehmend schlecht und schreckt davor zurück, mit den notwendigen Vorbereitungen zu beginnen.

„Träume dein Leben – und dann lebe deine Träume."

Denn jetzt, wo ihr Traum konkret werden sollte, befürchtet sie, dass ihre Kräfte und Mittel dafür gar nicht ausreichen könnten. Zum ersten Mal in ihrem Leben wird sie ***auf sich selbst gestellt sein****, auch wenn die Dorfbewohner in Brasilien ihr alle Unterstützung zugesagt haben. Jetzt beginnt sie zu zweifeln, ob diese in Ferienlaune erlebten Zusagen auch wirklich verlässlich* *wären, wenn sie darauf eine* ***neue Lebenssicherheit aufbauen*** *müsste. Sie fürchtet, dass ihre finanziellen Mittel zur Überbrückung nicht ausreichen könnten, sie weiß, dass ihre Eltern und Freunde weit weg sein würden und ihr nicht einfach zu Hilfe eilen könnten. So beginnt sie zum ersten Mal zu prüfen, ob ihre* ***persönlichen Ressourcen*** *ausreichend sein könnten – ob sie wohl wirklich genügend Unterstützung finden würde; ob sie auch bei Schwierigkeiten das „Auf-sich-allein-gestellt-Sein" ertragen und bewältigen könnte.*

Frau B. stand noch nie einer so umfassenden Herausforderung gegenüber, noch nie waren ihre vertrauten Lebensgewohnheiten so umfassend in Frage gestellt. Das Entscheidungs-Risiko erscheint enorm!

***

Glücklicherweise können wir das **Entscheidungs-Risiko senken:** indem wir die Einzelfaktoren der Situation identifizieren und sie jeden für sich bewerten, um zu mehr Sicherheit zu gelangen.

Dabei ist es nicht einmal so schwierig, die jeweiligen Faktoren eines Entscheidungs-Risikos zu analysieren und im Einzelnen in Angriff zu nehmen! Glücklicherweise können wir ungewisse, risikoreiche Anteile so weit zerlegen, dass das **Risiko gezielt gesenkt, zumindest aber handhabbar und erträglich** gemacht wird.

Mit dem „Entscheidungs-Stern" Risiken senken: Einzelfaktoren identifizieren, Unsicherheiten minimieren und für jeden Beteiligten unmittelbar erkennbar und handhabbar machen.

Im Verlauf vieler Beratungen habe ich dafür den **„Decision-Making-Entscheidungs-Stern"** entwickelt: ein ausgezeichnetes Hilfsmittel, um die verfügbaren Kräfte und Mittel so zielgenau einzusetzen, dass eine **hoch effektive, ökonomische Risikominimierung schnell möglich** wird. Wird er konsequent angewendet, gewährleistet der „Entscheidungs-Stern", dass keine Ressourcen mehr nutzlos verpuffen – gerade in Zeiten knapper Mittel und in Notsituationen extrem wichtig!

In Kapitel 11 werden Sie den **„Decision-Making-Entscheidungs-Stern“** kennen und anwenden lernen.

***

Herr C. war ein erfolgreicher Geschäftsmann. Anfang der 1990er-Jahre hatte er seine Anstellung gekündigt und mit zwei Kollegen zusammen eine Computervertriebs- und -servicefirma gegründet. In den Jahren des wirtschaftlichen Aufschwungs boomte das Geschäft, die Firma begann Softwarelösungen für mittelständische Firmen zu entwickeln. Bald war dies das einträgliche Hauptgeschäft geworden. Man war auf Messen vertreten, Auftrag um Auftrag wurde eingebracht, das Personal erweitert und Mitte der 90er-Jahre war die Firma auf 50 Mitarbeiter angewachsen.

Erfolg macht zuweilen leichtsinnig – Herr C. begann mit seinem Kapital an der Börse zu spekulieren, anfangs mit atemberaubendem Erfolg. Die wirtschaftliche Wende Ende der 90er-Jahre jedoch ließ sein Börsenkapital rapide schrumpfen. Unüberlegte Rettungsversuche verschlimmerten die Situation. In der Firma gingen die Aufträge massiv zurück. Einer der Firmengründer verunglückte tödlich und seine Erben forderten seinen Firmenanteil zurück, da sie der Firma keine positive Entwicklung mehr zutrauten.

Herrn C.'s Familie hatte ihn in den vergangenen Jahren nur noch selten zu Gesicht bekommen, seine Frau nannte ihn einen „Workaholic“, und er war ihr untreu. Als er nun – bedrückt vom drohenden Scheitern seines Unternehmens – bei seiner Familie Rückhalt suchte, musste er erkennen, dass sie längst zerbrochen war: Trennung und Scheidung waren nur noch die letzte Konsequenz dieser langjährigen Entwicklung.

Aussichtslose Situationen nicht aussitzen, sondern sie durch mutige Entscheidungen wenden!

Herr C. durchlebte einige Wochen und Monate quälender Niedergeschlagenheit, Lethargie und Entschlusslosigkeit. Eines Morgens jedoch erwachte er und erlebte sich in ungewohnter Weise zuversichtlich und bereit, der Realität ins Auge zu blicken und sein so drastisch verändertes Leben in die Hand zu nehmen.

*Er begann, wieder **Vertrauen in seine Lebenserfahrung** zu fassen, obwohl seine Familie und Ehe gescheitert war und seine Firma sich im steilen Niedergang befand. So beschloss er, die Firma an zwei interessierte Mitarbeiter zu verkaufen, beglich seine Schulden und wagte einen Neubeginn, indem er seinen Lebenstraum verwirklichte.*

In ausweglosen Situation gibt's immer noch den Rückweg.

Er zog an einen der oberbayrischen Seen, kaufte sich mit dem Rest seines Vermögens ein Rennruderboot, fand Gleichgesinnte und genießt nun täglich das Sportrudern auf dem See. Dafür hat er beruflich seine Ziele bescheidener gesteckt: Er machte sich erneut selbständig – als Computertechniker, mit überschaubarem finanziellem Risiko. Seitdem betreut er einen festen Kundenstamm von Handwerkern und Kleinunternehmern und fühlt sich erleichtert, endlich überschaubare Lebensverhältnisse zu haben.

Resignation, positiv verstanden, ist die Entscheidung, sich in der Wirklichkeit einzurichten, anstatt sie zu gestalten.

*So unglaublich diese Geschichte klingen mag: Herr C. hat viele Fehler gemacht, aber er hat mutig die **Verantwortung** dafür übernommen, die **Konsequenzen** aus seinem Scheitern gezogen und **seinen Lebenstraum verwirklicht**. Lächelnd sagt er: „Ich bin endlich dort gelandet, wo ich hingehöre – bin eben zwangsbeglückt!“*

Mit der Bereitschaft, sich auf ein **kalkuliertes Risiko** einzulassen, entfernen wir uns – gleich ob wir aus eigenem Entschluss oder unfreiwillig in die unsichere Situation hineingeraten sind – weit davon, uns als Opfer der Umstände zu erleben. Wir verlassen die Sackgasse, und werden **wieder handlungsfähig**.

Dabei braucht es zunächst **den Mut, sich umzudrehen und den Rückweg anzutreten** bis zu der Stelle, wo wir begonnen haben, uns in die Sackgasse zu verrennen. Genau dort können wir uns neu orientieren. Und zuweilen braucht es jemanden, der einem hilft zu erkennen, dass es in einer aussichtslos erscheinenden Lage immer die Möglichkeit gibt, sich umzudrehen und den Rückzug anzutreten.

Die Robinsonade ist die Vorgeschichte der Utopie: Nicht weit vom Ufer Utopias liegt das Wrack des gescheiterten Schiffes, aber Robinson hat sich an Land gerettet, und seine Fähigkeit zu lernen hat überlebt. Gesunken ist die Fracht des Wissens, aber sein Können ist regenerierbar. GUSTAV WÜRTTEMBERGER

Kapitel 9

Persönlichkeit entscheidet – mit Kopf, Herz, Bauch und allen Sinnen

Die Entscheider-Persönlichkeit

Entscheidungen bestimmen unser Leben – das ist gewiss. Ob deshalb die „Wahl zur Qual" wird, das hängt von unserer **Entscheidungs-Kompetenz** ab.

Ob ich die grüne Bluse anziehe oder die rote – das ist meist eine Frage der Stimmung und selten von großer Relevanz. Ob ich aber die Aktien verkaufe oder warte, bis der Aktienmarkt sich erholt hat; ob ich mich von meinem Mann trenne oder ob ich unserer Beziehung noch eine Chance gebe: diese Entscheidungen haben ein deutliches Gewicht. Soll ich in meinem Betrieb Mitarbeiter entlassen oder trotz schlechter wirtschaftlicher Lage in Werbung investieren? – Von dieser Entscheidung wird nicht nur meine eigene Zukunft abhängen.

Nicht entscheiden zu können oder dürfen schmerzt und lähmt.

Unser Leben ist eine ununterbrochene **Kette von Entscheidungen** – im Beruf, im Privatleben, im Alltag, täglich, stündlich. Nicht alle Entscheidungen sind uns gleich bewusst – selbst im Schlaf bereiten sich Entscheidungen im Unbewussten vor.

Falsche Entscheidungen können uns auf Lebenszeit zu Leidtragenden machen.

Dennoch: Allein schon die Tatsache, sich nicht entscheiden zu können oder zu dürfen, kann schmerzlich und lähmend sein. Und mit Lebensentscheidungen, die sich als falsch erwiesen haben, quälen wir uns oft noch viele Jahre herum.

Deshalb habe ich in den letzten Jahren die Methode des **„Decision Making"** entwickelt, mit der Entscheidungen leichter fallen und nicht mehr bereut zu werden brauchen. Diese Methode geht davon aus, dass der Mensch **innerhalb gewisser**

Grenzen autonom entscheiden kann – „einen eigenen Willen hat“ – und für seine Entscheidungen **selbst verantwortlich** ist; und dass gute, bewusste und verantwortliche Entscheidungen zu einem besseren Leben führen, als wenn wir uns vom Gang der Dinge treiben lassen. Die vorangegangenen Abschnitte dieses Buches haben Ihnen einen Einblick in diese Gedankenwelt und die zugrunde liegenden Erfahrungen gegeben.

Bewusste und verantwortliche Entscheidungen führen zu einem selbstbewussten Leben.

Eine vollständige Entscheidung verläuft in einer Abfolge von Entscheidungs-Schritten, die sich zu einem Kreis schließen:

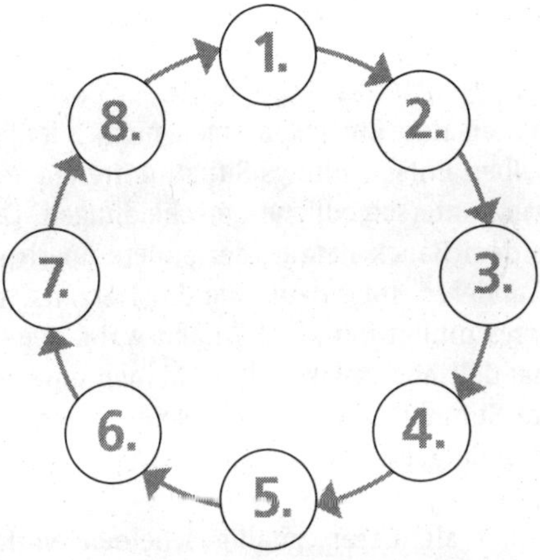

Abb.: Der Entscheidungs-Kreislauf

1. Die Entscheidungs-Situation richtig definieren
2. Angemessenen Entscheidungsmodus bestimmen
3. Die Entscheider-Persönlichkeit erkennen
4. Informationen, Werte, Ziele, Perspektiven, Visionen abgleichen
5. Integration: 1 + 2 + 3 + 4 in Übereinstimmung bringen
6. Gelingende Entscheidungen treffen
7. Erfolgreich handeln
8. Das Gelingen genießen

Wie können wir nun beim Entscheiden weiter vorgehen? Wir haben bereits die Entscheidungs-Situation identifiziert und über die angemessene Entscheidungs-Technik entschieden. Jede fundierte Entscheidung ruht aber auf *zwei* wesentlichen Säulen: auf der Kenntnis der **Entscheidungs-Situation** einerseits, auf der Selbstkenntnis andererseits – was für eine **Entscheider-Persönlichkeit** bin ich?

Jede fundierte Entscheidung ruht auf *zwei* Säulen: Entscheidungs-Situation und Entscheider-Persönlichkeit!

Was ist denn mein bevorzugter Entscheidungs-Stil? Und wie könnte ich ihn so ergänzen, dass meine Entscheidungen „rund" werden – statt zu „hinken", sich als einseitig oder kurzatmig zu erweisen?

Menschen treffen ihre Entscheidungen nicht zufällig verschieden: In derselben Entscheidungs-Situation treffen verschiedene Menschen ganz unterschiedliche Entscheidungen. Der eine entscheidet aus dem Bauch heraus, der andere überlegt sich alles dreimal, ein anderer „folgt dem Weg des Herzens" und wieder jemand anderes nimmt mit allen Sinnen wahr, denkt und fühlt nicht viel, handelt aber auch richtig. Manch einer möchte auf seine „innere Stimme" hören, sucht seine innere Vision oder wartet auf eine Eingebung von oben.

Aus der Vielfalt all dieser zufällig scheinenden Handlungen ist in der Psychologie eine ganze Vielzahl von **Persönlichkeitsmodellen** entstanden. Die meisten gehen auf eine Einteilung von **C. G. Jung**, den Begründer der analytischen Psychologie, zurück. C. G. Jung hat aus seiner langjährigen ärztlichen Erfahrung **vier menschliche Grundorientierungen** in der Einstellung zur Welt ermittelt. Sie entsprechen Strukturen des Bewusstseins, vier Grundfunktionen, die jedem Menschen als Anlage gegeben sind: **Empfinden, Fühlen, Intuieren und Denken**. Jung unterscheidet demnach den „Gefühlsmenschen" vom „Verstandesmenschen", den „intuitiven" vom „Empfindungstypen" – mit Letzterem sind Menschen gemeint, die mit all ihren Sinnen wahrnehmen und unmittelbar entscheidungs- und handlungsbereit sind.

Entsprechend diesem Modell unterscheiden wir bei „Decision Making“ **vier grundsätzliche Wege, auf denen wir zu Entscheidungen kommen können.** Eine der Voraussetzungen für gute Entscheidungen besteht darin, diese psychischen Funktionen klar unterscheiden zu können. Sie sind sehr konstant, unabhängig von Umständen und Themen: eine „gleich bleibende psychische Tätigkeit“ (Jolande Jacobi).

„Entscheidend ist also nicht, was man fühlt, sondern dass man mit der Funktion des Fühlens und nicht etwa mit der des Denkens daran geht, die Inhalte aufzunehmen und zu verarbeiten, die uns aus unserer Innen- oder aus der Außenwelt entgegenkommen.“ JOLANDE JACOBI

Doch verständigen wir uns zunächst über ein paar einfache Definitionen.

- Mit dem **Denken** versuchen wir intellektuell zu **erkennen,** was in und um uns vorgeht. Mittels rationaler Begriffe und durch logische Schlussfolgerungen streben wir eine wertende Entscheidung darüber an, was richtig und was falsch ist.
- **Emotional**, also aus dem **Gefühl** heraus, zu entscheiden bedeutet, die Dinge als angenehm oder unangenehm einzuschätzen, um sie annehmen oder abwehren zu können.

„Beide Funktionen werden als rational bezeichnet, weil ***beide mit Wertungen arbeiten****: Das Denken wertet durch die Vermittlung der Erkenntnisse vom Standpunkt ‚wahr/falsch‘, das Fühlen durch die Vermittlung von Emotionen vom Standpunkt ‚Lust/Unlust‘. Diese zwei Grundhaltungen schließen einander als gleichzeitige Verhaltensweisen aus.“* JOLANDE JACOBI

Empfindung und Intuition *hingegen, die beiden anderen Bewusstseinsfunktionen, beurteilen und bewerten nicht:* ***sie nehmen nur wahr, was ist.***

- Die **Empfindung, unser Realitätssinn**, nimmt die Dinge so wahr, wie sie sind. Nicht mehr und nicht weniger. In diesem Bewusstseinsmodus benötige ich, um zu einer Entscheidung zu kommen, lediglich die Eindrücke, die meine Sinnesorgane liefern. Dann kann ich unmittelbar reagieren. Entscheidungen werden auf diesem Wege also ganz **pragmatisch** ausfallen: Da gibt es kein langes Abwägen, um zu gezieltem Handeln zu kommen.

Empfindung: für wahr nehmen, was ich wahrnehme.

Mit „Empfindung" ist dabei keineswegs dasselbe wie Gefühl oder Emotion gemeint – vielmehr geht es hier um die Eindrücke, die wir über die Sinnesorgane beziehen. Eindrücke kommen „von außen herein" und erzeugen in der Innenwelt eine Empfindung. Emotionen, Gefühle hingegen haben eine Dynamik „von innen nach außen": Sie entstehen im Innern und möchten geäußert werden.

Ich höre eine Nachtigall – ihr Gesang löst bei mir eine romantische Empfindung aus. Am Morgen wache ich auf und habe ein wunderbar freudiges Gefühl.

Oder ich sehe jemanden und reagiere emotional: Jemand kann vielleicht noch so nett sein, und ich kann ihn dennoch nicht mögen. Andererseits: Wenn jemand hereinkommt, und mein erster Eindruck, meine Empfindung ist: das ist ein ernsthafter Mensch, dann kann mein Gefühl auch das Gegenteil sagen: „Versuch's mit einem Scherz." Denn ich fühle: Er kann auch ein ganz fröhlicher Typ sein.

Intuition: „Ich hatte da so eine Ahnung ... und eine innere Stimme sagte mir ... und dann stand ein ganz klares Bild vor mir!"

- Mit unserer **Intuition** hingegen entscheiden wir die Dinge durch die „Fähigkeit einer unbewussten inneren Wahrnehmung der Möglichkeiten, die in den Dingen liegen" (C. G. Jung). – Während mit den Sinneseindrücken Fakten gesammelt werden, erfassen wir über unsere Intuition ganz unmittelbar, wie die Dinge zusammenhängen und sich auswirken können, und wir haben ein unmittelbares **Erleben von Evidenz:** So ist es und nicht anders.

Klar, dass rationales Entscheiden und emotionales Entscheiden ganz **gegensätzlich** vorgehen; dasselbe gilt, wenn wir beim Entscheiden unseren Empfindungen, unseren Sinneseindrücken **oder** unserer Intuition vertrauen. Das sind gegensätzliche **Wege, die nicht gleichzeitig begehbar** sind. Wir müssen jedoch nicht einen dieser Wege ein für alle Mal ausschließen. Vielmehr können sie **sich ergänzen**, wenn wir zu ganzheitlichen, **integrierten Entscheidungen** kommen wollen.

***

Theoretisch könnten wir über alle vier „Wege des Entscheidens" verfügen und wären damit im „Hier und Jetzt, im Damals und Künftig" vollständig orientiert. Und doch **bevorzugen** wir – entsprechend unserer persönlichen Anlage – meist *eine* dieser Funktionen. Diese eine **entwickeln und entfalten** wir am stärksten – mit dem Ziel, die äußere oder innere Realität am besten zu erfassen und realitätsgerecht zu entscheiden. Sie wird zur „dominierenden Anpassungsfunktion, sie gibt der bewussten Einstellung Richtung und Qualität" (C. G. Jung).

Das Handeln prägt die Gewohnheit, die Gewohnheit prägt den Entscheidungs-Stil – und dieser prägt die Persönlichkeit.

Entsprechend unserer „Vorprägung" verdichtet sich im Laufe unserer Entwicklung der bevorzugte Entscheidungs-Modus immer mehr zur Gepflogenheit. So wird er zur dominanten **Entscheidungs-Gewohnheit** – und diese prägt unsere **Grundeinstellung**.

Auf neurobiologischer Ebene verdichten sich dabei die entsprechenden neuronalen Netzwerke in unserem Gehirn; sie konsolidieren sich und speichern unsere **Entscheidungs-Muster als Konstanten.** So verankern sie unser **typisches Entscheidungs-Verhalten** – als unsere **„Entscheider-Persönlichkeit"**.

Neuronale Netzwerke des Gehirns speichern unsere „Entscheidungs-Muster".

Den **vier Wegen zur Entscheidung entsprechend**, können wir dabei **vier grund-**

sätzliche „Entscheider-Typen“ unterscheiden: **den rationalen, den emotionalen, den intuitiven und den Empfindungstypen**. Die meisten Menschen nutzen unbewusst nur eine einzige Grundeinstellung – die anlagegemäße „Hauptfunktion“ –, und es ist gut zu wissen, welchem Entscheidungs-Typ man selbst am meisten zuneigt, weil darin eine Quelle von Kraft und Sicherheit liegt.

***

Grundsätzlich erscheint die Vielfalt der Entscheidungs-Wege noch recht übersichtlich. Aber natürlich – Stärke und Schwäche jeder Systematik – gibt diese Einteilung die Wirklichkeit recht vereinfacht wieder: Zwar nutzen die meisten Menschen unbewusst nur eine einzige Grundeinstellung – aber so verschieden wir Menschen tatsächlich sind, so viele **Spielarten** der grundsätzlichen Entscheider-Persönlichkeiten gibt es in der Wirklichkeit.

Vier Wegen zur Entscheidung entsprechen vier Entscheider-Typen.

Im Laufe des Lebens können allerdings immer wieder **neue Facetten** sichtbar werden. Erst allmählich konsolidiert sich die Persönlichkeit: „Oft dauert es bis zur Lebensmitte, bis alle Funktionen ihre richtige Reihenfolge und Differenzierung erreicht haben“ (Jolande Jacobi). Wir wandeln uns im Laufe des Lebens und bleiben uns doch treu.

Zudem finden sich häufig auch **Mischtypen** – denn natürlich gibt es keinen dieser Entscheidungs-Typen in Reinkultur, wir alle nutzen die verschiedenen Entscheidungs-Wege in unterschiedlichem Ausmaß und zu verschiedenen Anteilen. Sie bestimmen unser Weltverständnis und prägen unsere Entscheidungen. Deshalb ist es gut zu wissen, wo die eigenen bevorzugten Stärken – die Hauptfunktion – und die vernachlässigten Schwächen – die Nebenfunktionen – sind, wenn wir mit Umsicht Entscheidungen treffen möchten.

„Ich war immer derselbe, nur – man ändert sich.“
EDMUND STOIBER

Mischtypen nutzen immerhin zwei der beschriebenen Voreinstellungen häufig, einzeln oder in Kombination. Optimal ist es, wenn wir über drei (oder gar alle vier) verfügen können. Für eine solch „runde" Entscheidungs-Kompetenz benötigt es reichlich Lebens- und Entscheidungs-Erfahrung.

Allerdings lässt sich Entscheidungs-Kompetenz auch bewusst schulen und gezielt erweitern.

Vier Entscheider-Typen, viele Spielarten: Es lebe der persönliche Unterschied!

Zuweilen kommt es jedoch vor, dass Menschen konstant aus einer **falschen Identifikation** heraus entscheiden. „Wenn durch Erziehungs- oder Entwicklungseinflüsse die Entwicklung der Hauptfunktion behindert oder verhindert wurde, tritt durch Zwang oder Dressur eine der Nebenfunktionen in den Vordergrund." (Jolande Jacobi)

„Ich stehe total neben mir!" – „Ich bin mir selber fremd" – „Ich bin nicht wirklich ich, ich hab mich selbst noch nicht gefunden" –, so klagen Teilnehmer zu Beginn von Entscheidungs-Coachings und -Seminaren häufig.

„Danebm lebm"
BAYRISCH

Dann mögen wir vielleicht bestens „funktionieren" – im Leben wie beim Entscheiden. Gleichzeitig aber erleben wir keine Sicherheit und keine Freude über unsere Handlungen.

Bei einem meiner Workshops – „Wissen, wo's langgeht – kreative Studien- und Berufsplanung" – war die Mehrzahl der teilnehmenden Studenten unzufrieden mit sich selbst. Sie erlebten sich als „Versager": Als Maßstab für erfolgreiches Studieren nahmen sie das Studierverhalten von bestimmten Mitstudenten. Bei der gemeinsamen Persönlichkeitsanalyse stellten wir fest, dass die meisten Teilnehmer dem intuitiv-emotionalen Typus angehörten; ihr Idealbild – repräsentiert durch ihre „Vorbild-Studenten" – entsprach jedoch eindeutig dem rational-pragmatischen Mischtyp. Dieser Typus ist nach außen „überlegt, tough, cool und effektiv". Ihre eigenen Möglichkeiten und Fähigkeiten lagen aber im intuitiven und emotionalen Bereich!

So entstand ein **unkonstruktiver innerer Dauerkonflikt. Zu lösen** ist er nur, indem man seine eigene Persönlichkeitsprägung annimmt, ihre Stärken und Schwächen erkennt, die eigenen Persönlichkeitsvoraussetzungen akzeptiert und mit ihnen sein eigenes Verhalten und die Berufsziele persönlichkeitskonform und kreativ gestaltet.

Persönlichkeitskonform entscheiden heißt: den Entscheidungs-Weg wählen, der unseren Anlagen, unserem Entscheider-Typus, am besten entspricht.

Sehen wir uns noch einmal die **Polaritätspaare** an: **emotional vs. rational, intuitiv vs. realitätsbezogen.** Der jeweils **entgegengesetzte Entscheidungs-Stil ist uns am wenigsten zugänglich.** Ihn wehren wir unbewusst am meisten ab, das heißt: wir idealisieren oder verteufeln ihn, weil er unserem Wesen so fremd erscheint – eine häufige Ursache von Versagensgefühlen, Depressionen und von Scheitern, aber auch von Aversionen und Konflikten in Partnerschaften und Teams.

Mit seinen eigenen Pfunden wuchern statt sich an fremden zu messen.

Zuweilen überraschen uns Menschen mit Entscheidungen, die völlig außerhalb dessen liegen, was man wir ihnen erwartet hätten.

Frau M., Mitte 30 und studierte Betriebswirtin, war in ihrem Job für ihre brillanten Analysen und nüchternen Entscheidungen geschätzt. Als rationale Entscheiderin war sie stolz darauf, stets überlegt und sachlich fundiert zu handeln, auch im Privatleben und in der Liebe. Sie wusste genau, welche Qualitäten sie von einem Mann erwartete. Allerdings fiel es ihr schwer, sich zu verlieben, weil sich bislang noch niemand als „der Mann nach Maß" erwiesen hatte. – Am Weihnachtsabend jedoch, auf der Zugfahrt nach Hause, saß ihr plötzlich „der Richtige" gegenüber, jung, braune Haut, sexy – ein Student aus der Karibik. Keine Frage: Jetzt oder nie! Man stieg zusammen aus, die unvergesslichste Weihnachtsnacht ihres Lebens folgte. Kondom? Nein, danke, das stört nur. Man blieb die Tage und Nächte des

Weihnachtsurlaubs zusammen – eine leidenschaftliche Zeit. Am Ende des Urlaubs, mit der Rückkehr in den Alltag, war der Traum vom Traummann bereits ausgeträumt – allerdings mit Folgen: Frau M. war wieder Single, ernüchtert – und schwanger.

Jedem Beobachter, auch dem wohlwollendsten, wäre auf den ersten Blick ersichtlich gewesen, wie sehr Frau M. mit ihrer impulsiven, leidenschaftlichen **Entscheidung „neben ihrer Spur"** lag. Was war geschehen? Die entgegengesetzte, kaum ausgebildete und entfaltete emotionale Entscheidungs-Funktion war am gefühlsträchtigen Heiligen Abend vehement aus dem Unbewussten durchgebrochen, hatte alle Dämme eingerissen, hatte „Kopf, Herz, Bauch und alle Sinne" überschwemmt und dem Leben eine Wende gegeben, die aller sorgfältigen Lebensplanung dauerhaft zuwiderlief.

Neben der Spur liegen – alle merken es, nur man selbst nicht …

Die polar entgegengesetzte, unintegrierte Entscheidungs-Funktion nämlich „hat, weil sie völlig undifferenziert mit dem Unbewussten vermischt ist, einen infantilen, triebhaft-primitiven archaischen Charakter. Darum werden wir ganz oft durch Handlungen ganz launischer, primitiver triebhafter Art auch bei Menschen überrascht, zu deren uns bekanntem Wesen das gar nicht zu passen scheint."

JOLANDE JACOBI

„Nicht man hat es in der Hand, sondern es hat einen."
C. G. JUNG

Um Entscheidungen treffen zu können, die angemessen und persönlich zufrieden stellend sind, müssen wir unsere eigene Persönlichkeit so flexibel und kompetent werden lassen, dass wir auf der gesamten Klaviatur der Entscheidungs-Möglichkeiten spielen können. Dies kann geschehen durch Lebenserfahrung – durch Versuch und Irrtum und mit einigen Fehlschlägen und „blutigen Nasen" – oder durch systematische, bewusste Weiterentwicklung der eigenen Entscheider-Persönlichkeit.

Übung und Erfahrung ist es, was den Könner vom Amateur unterscheidet."
WILFRIED ZECKAI, FILMEMACHER

Diese vier grundsätzlichen Entscheidungs-Wege – **Empfinden, Fühlen, Intuieren und Denken** –, ergänzt um zwei weitere Dimensionen – sach- vs. personenbezogen sowie intro- vs. extravertiert –, ergeben schon das ganze Spektrum der Möglichkeiten. Das Bestimmen von Entscheider-Typen, dem eigenen und dem Ihres Gegenübers oder Ihres Partners, mag Ihnen zunächst noch unvertraut vorkommen.

Entscheider-Typen bestimmen – ein handliches Werkzeug beim Entscheiden.

Wenn Sie aber die folgenden Kapitel gelesen haben (v. a. S. 134–138) und mit dem Instrumentarium der Entscheider-Typen zu spielen beginnen, werden Sie es beim Entscheiden immer häufiger in Betracht ziehen ... Und mit etwas Übung kann es schnell zu einem sehr nützlichen Werkzeug bei Entscheidungen werden.

Der rationale Entscheider-Typ

Der **rationale Mensch** entscheidet sich nach eingehendem Planen und Prüfen für das, was er für das Vernünftigste hält – beim Einkauf kann es das beste Preis-Leistungs-Verhältnis sein, beim Autokauf der wertbeständigste oder schnellste Wagen. Der rationale Entscheider informiert sich sachlich und gründlich, und er erwartet ein verlässliches Ergebnis seiner Recherchen als Entscheidungs-Grundlage. Er braucht dazu nicht einmal den persönlichen Kontakt mit einem netten Verkäufer, der ihm Vor- und Nachteile darlegt – er kann sein Auto, seine Urlaubsreise, seine Wäsche ohne weiteres im Katalog oder im Internet auswählen.

Auch bei der Partnerwahl entscheiden die verschiedenen Persönlichkeitstypen deutlich verschieden. Singles vom rationalen Typ ziehen offenbar zunehmend die Computeranalyse von Partnerbörsen der bisherigen „Versuch-und-Irrtum-Zufallsmethode" vor. Anderen Temperamenten mag es unromantisch erscheinen, dass ein Computer aus Tausenden von Daten die Partner mechanisch ermittelt, deren Voraussetzungen und Erwartungen am besten zueinander passen. Rational orientierte Menschen haben damit kein Problem: Analytisch fundiertes Zueinanderfinden scheint ihnen eine optimale Voraussetzung für gutes Zusammenpassen: dem Verlieben steht dann nichts mehr im Weg. So werden in ihren Augen emotional tragfähige Beziehungen wahrscheinlich.

Rationale Entscheidungen werden im Idealfall über rein intellektuelle „Denkoperationen" erzielt: durch „Denken pur". Diesem Ideal versucht man sich in der Praxis anzunähern, indem man anstrebt, Entscheidungen mit einem möglichst hohen Grad an Rationalität zu treffen – ein sinnvolles Vorgehen bei Konflikten, Ambivalenzen, bei hoher Unsicherheit und ausgeprägtem Risiko.

Partnersuche per Computer – unromantisch oder emotional tragfähig?

Besonders bei Unklarheit darüber, was überhaupt das zu erreichende Ziel ist, bei widersprüchlicher Informationslage, bei Unklarheit über Präferenzen und in Streitfällen lohnt sich ein möglichst rationales Vorgehen beim Entscheiden. Richter, Schlichter und Gutachter sollten möglichst nüchtern, nach rational nachvollziehbaren Kriterien und ohne Parteinahme abwägen und Stellung nehmen.

Das Ideal: nüchtern, nachvollziehbar, intelligent und ohne Emotionen entscheiden.

Rationales Entscheiden ist dem Ideal nach zwar ein unpersönliches, seinem Wesen nach aber ein durchaus **wertendes Vorgehen: Wahr oder unwahr? Richtig oder falsch?** Wir wissen zudem aus Hirnforschung und Tiefenpsychologie, dass in unsere Haltungen und Handlungen immer auch **persönliche Wertungen** – die Essenz aus unseren Erfahrungen – einfließen. Sie sind zunächst **meist unbewusst,** wirken steuernd aus dem Hintergrund. Es ist hilfreich, sich über Voreingenommenheiten und Vorurteile – die eigenen und die von anderen – Klarheit zu verschaffen und sie mit in Rechnung zu stellen.

Wahr oder unwahr? Richtig oder falsch? Das ist hier die Frage.

Nichts Neues eigentlich: Der alte lebenskluge Grundsatz *sine ira et studio* – „ohne Zorn und Eifer" – verlangt keine „kalte Rationalität", sondern bedachtes Entscheiden und Ausgeglichenheit. Nicht in Zorn und Eifer, also nicht im Affekt soll man entscheiden, und möglichst **ohne innere Hektik und ohne äußeren Druck.** Oftmals geht man beim Entscheiden deshalb mit sich zu Rate: Man zieht sich zurück aus dem aktuellen Geschehen, um unbeeinflusst entscheiden zu können.

Beispielhaft hierfür sind die Umstände einer Papstwahl: der Rückzug in die Sixtinische Kapelle, ohne Kontakt nach außen – „Schalten Sie jetzt Ihre Handys aus, SMS-Empfang nicht mehr möglich, Signale nach draußen ab jetzt nur durch Rauchzeichen; schwarz oder weiß …"

Entscheidungs-Gewohnheiten und ererbte Anlage verdichten sich zur „Entscheider-Persönlichkeit".

Im vorangegangenen Kapitel haben wir schon erfahren, dass Einstellungen und Vorgehensweisen bei Entscheidungen, die wir immer wieder bevorzugen, zu Gepflogenheiten werden – und dass diese **Entscheidungs-Gewohnheiten sich zu Persönlichkeitsmerkmalen verdichten.**

Außerdem scheint auch die Persönlichkeitsanlage eine wesentliche Rolle zu spielen, wenn wir jemanden zum Beispiel als „rationalen Typen" bezeichnen.

Allerdings meint man damit in Wirklichkeit häufig den „coolen Pragmatiker", den Wahrnehmungstypen, der nach kurzer Nutzenabwägung gemäß seinem Eindruck und der aktuellen Informationslage entsprechend entscheidet.

„… um zu erkennen, was die Welt im Innersten zusammenhält"
GOETHE, FAUST

Die rationale Entscheider-Persönlichkeit ist gekennzeichnet von dem **Bestreben nach intellektueller Erkenntnis:** Sie möchte zunächst ergründen, wie die Dinge zusammenhängen und sich vermutlich auswirken werden; ganz nüchtern vermag sie die Lage zu beurteilen. Im negativen Extrem kann es jedoch dazu kommen, dass der rationale Entscheider-Typus nur noch Fakten wahrnimmt … und nicht mehr die Menschen.

Um alle vorliegenden Faktoren einer Entscheidungs-Situation zu bewerten und in ihren Auswirkungen einzuschätzen, benötigt der rationale Entscheider Zeit. Im Zuge seines Abwägens vermag er sich durchaus in einem theoretischen System zu bewegen und daraus seine Schlüsse zu ziehen, ohne dass er mit der alltäglichen Wirklichkeit in Kontakt sein muss. Eigentlich sind ihm die Unwägbarkeiten des Lebens sogar eher hinderlich dabei.

So ist leicht verständlich, dass rationale Entscheider häufig als „kühl" erlebt werden, als „herzlos" und distanziert – eben weil sie so leicht von all dem abstrahieren können, was unsere Lebenswelt in der Realität ausmacht.

„Das angestrebte Ziel der Theoretiker liegt darin, auch im wirtschaftlichen und sozialen Bereich Gesetze zu finden, die einfach und klar wie die der Newtonschen Physik sind." (vgl. www.wikipedia.org)

Wir wissen jedoch bereits, dass Menschen, die **keine Verbindung zu ihrem emotionalen Erleben** haben, auch keine wirklich guten Entscheider sein können: Denn rationale Entscheider achten vor allem darauf, dass ihre Entscheidungen „richtig" oder „wahr" sind. Von untergeordnetem Interesse ist ihnen dabei, ob sie emotional „stimmig" und sozial konsensfähig sind. Ihre Entscheidungen mögen formal und intellektuell richtig sein: sie werden jedoch nicht getroffen nach lebensfördernden Gesichtspunkten, sondern in erster Linie im Namen von abstrakter Wahrheit und systematischer Richtigkeit.

Rationales Entscheiden ist nicht „allein selig machend" – auf die rechte Mischung kommt es an.

Die rationale Haltung hat durchaus einen wertvollen Platz im Spektrum kompetenten Entscheidens: **mit ihren allgemein gültigen Regeln und Gesetzen** ist sie **unverzichtbar als „Leitlinien- und Schienensystem"** des sozialen, wirtschaftlichen und privaten Lebens. Wirklichkeitsfremd jedoch wäre die Forderung, dass allein und ausschließlich rationales Entscheiden in allen Lebenslagen angemessenes Entscheiden sei. Auch die moderne Soziologie geht inzwischen davon aus, dass Menschen nur „begrenzt rational" entscheiden, weil Entscheidungen durchaus mit Erwartungen behaftet, die Ergebnisse aber rational überprüfbar und optimierbar sind – was bisweilen auch mit dem Begriff „Entscheidungs-Prozess" bezeichnet wird.

Die richtige Mischung von rationalem und nicht-rational bestimmtem Entscheiden – darauf kommt es an!

Der emotionale Entscheider-Typ

Während der rationale Typ Informationen sammelt, sie auswertet und zu einem Entschluss kommt, erlebt der **emotionale Mensch** zunächst ein Gefühl – und er wird, wenn dieses Gefühl klar und deutlich ist, auch emotional entscheiden.

Sachargumente können dann an ihm abperlen wie Regentropfen am Schirm: er fühlt sich sicher und im Trockenen mit seiner Entscheidung. Der emotionale Typ **entscheidet aus einer Stimmung** heraus – weil er an diesem Tag fröhlich ist ... – oder er handelt im Affekt: weil ihn gerade etwas „nervt".

Gefühle differenziert wahrnehmen: Möchte – wünsche – will – verlange – begehre ... oder brauche ich?

Wie wir bereits wissen, nehmen der rationale und der emotionale Typ ihre **Entscheidung wertend** vor. Der rationale nach dem Kriterium „wahr/unwahr", der emotionale Typ nach „Lust/Unlust" bzw. „gefällt mir/stößt mich ab". Dabei lohnt es sich, **Gefühle differenziert wahrzunehmen**, um angemessen zu entscheiden: Möchte – wünsche – will – verlange – begehre ... oder brauche ich?

Natürlich hat auch das Erleben von Gefühlen seine **neurobiologische Basis**: Emotionen treten immer dann auf, wenn unser Gehirn sich in seinen Aktivitäten selbst beurteilt – wenn es prüft, wie unsere Gedanken, Wahrnehmungen und Handlungen übereinstimmen mit den tatsächlichen Gegebenheiten und mit seinem eigenen „Auftrag", **ein Überleben und ein möglichst gutes Leben sicherzustellen**.

Mehrere Funktionsbereiche des Gehirns sind dabei zu einem „Aktionsbündnis" zusammengefasst. Dieses **„Limbische System"** ist für die emotionale **Bewertung** allen Tun und Lassens verantwortlich. Es verbindet unsere fundamentalsten neurologischen Aktivitäten mit denen unseres hoch entwickelten Stirnhirns. Es koordiniert die Grundfunktionen des Organismus (Kreislauf, Atmung, Stoffwechsel etc.) sowie die Triebe und Bedürfnisse mit den Bewusstseinsfunktionen. Das Limbische System bildet mit den Basis-Gehirnbereichen, welche die Grundfunktionen des Organismus regeln und der Großhirnrinde eine unauflösliche Funktionseinheit. So ist gewährleistet, dass wir mit unserem bewussten Denken und Handeln **in Übereinstimmung** mit uns selbst, unseren Erfahrungen, Wünschen und Bedürfnissen stehen können.

„Emotion ist der erlebnismäßige Ausdruck des Prozesses der Selbstbewertung des Gehirns."
GERHARD ROTH

Es wird verständlich, dass bewusstes Denken und Erkennen niemals abgespalten von unseren emotionalen Grundlagen möglich ist, da Emotionen immer mit den Denkprozessen vernetzt sind. Umgekehrt sind Entscheidungen, bei denen wir nur auf die „Stimme des Herzens" hören und für rationale Argumente nicht mehr zugänglich sind, einseitig und oft nicht sehr tragfähig.

Würde es beim Entscheiden immer genügen, „aus dem Bauch heraus" zu handeln, hätten wir Menschen im Laufe der Evolution die Fähigkeit zum bewussten Denken niemals entwickeln brauchen – und auch nicht können.

*Die **vier Grundfähigkeiten** – rationales Denken, emotionales Bewerten, pragmatisches Einschätzen und intuitives Spüren – sind aber nur dann nützlich, wenn sie gut aufeinander abgestimmt, wenn sie koordiniert werden. Dafür hat die Natur gesorgt, indem sie zwar bestimmte Gehirnareale eigens spezialisierte, zugleich aber alle eng miteinander verbunden hat. Inner-*

halb dieses „Schienennetzes" können nun aufgabenbezogen viel befahrene „Verbindungsstrecken" besonders ausgebaut werden. Wenig benutzte werden für neue Aufgaben hergenommen oder abgebaut.

***

Mit zunehmender Arbeitsteilung haben wir Menschen uns allerdings spezialisiert. Einzelne Fähigkeiten wurden verstärkt gefördert, besondere Begabungen ausgebaut: Sie wurden als **Berufung** erlebt und später zu lernbaren **Berufen** geformt – fürs Denken die Intellektuellen, fürs Handeln die Pragmatiker. Für Emotionen waren lange Zeit die Frauen, insbesondere die Mütter zuständig, heutzutage sind es vor allem die Sozialberufe. „Ahnungen und Prophezeiungen" überließ man den „Auserwählten, Sehern und Propheten".

Für gute Entscheidungen „alle sieben Sinne beisammen haben".

Auch wenn diese **Spezialisierung sozial sinnvoll** ist, so bleibt doch ebenso die Notwendigkeit bestehen, beim Entscheiden nicht nur *eine* mentale Funktion „vorpreschen" zu lassen, sondern **umfassend alle vier Bewusstseinsfähigkeiten zu integrieren**.

Das vernetzte lernfähige Gehirn: Nie war es wertvoller als heute.

Wir verfügen über die **natürliche Fähigkeit, ganzheitlich** und integrativ zu erleben, umsichtig zu entscheiden und zielgerichtet zu handeln. Einseitig in unserem Entscheiden werden wir nur dann, wenn wir diese natürliche Vollständigkeit unterdrücken – sei es aus purer Gewohnheit, oder weil sie uns in der Kindheit oder Jugend „ab-erzogen" wurde. Verzerrt wird unser Entscheiden aber auch durch einseitige Identifikation mit ausschließlich einem Entscheider-Typ.

Einseitiges Entscheiden unterdrückt die natürliche Integration der vier Grundfähigkeiten.

Entscheidungen werden **nie einseitig** nur „mit dem Kopf", aber auch nicht „rein emotional" getroffen – es sei denn, wir werden überrumpelt oder wir zwingen unser Gehirn zur Einseitigkeit. Immer möchten **Erfahrungen, Wahrnehmungen und unser**

„inneres Wissen" bei Entscheidungen ein gewichtiges Wort mitsprechen: Als **Körpersignale** drängen sie oft schneller und deutlicher ins Bewusstsein, als wir nachdenken können.

Stürze ich, so verspüre ich den Schmerz schneller, als ich verstehen kann, was passiert ist. Die Botschaften des Körpers sind deutlich – wir müssen seine Sprache nur verstehen lernen.

„Somatische Marker" nennt Maja Storch diese Rückmeldungen aus unserem Organismus. Sie zeigen an, was uns zuträglich ist und was nicht. Somatische Marker können z. B. Herzklopfen, Bauchdrücken, Schwindel, Atembeklemmungen oder Händezittern sein.

Die Wirkung eines somatischen Markers können Sie bei einem Restaurantbesuch sehr schnell selbst erfahren. Fahren Sie mit dem Mittelfinger zügig und ohne zu Überlegen die Speisekarte hinab – mit trockenem Mund. Sie werden sehr schnell merken, dass das eine oder andere Gericht Ihnen „den Mund wässrig macht" – diese unwillkürliche Reaktion lässt Sie schneller und besser wahrnehmen als der abwägende Verstand, was Ihnen bekömmlich ist: Was Ihnen schon vorab das Wasser im Mund zusammenlaufen lässt, das wird auch schmecken und am bekömmlichsten sein … Machen Sie selbst den Test: Lassen Sie Ihren Körper entscheiden. Was seine Aufgaben angeht, hat er immer Recht!

„Somatische Marker" zeigen die Entscheidungen des Körpers an, das, was uns bekommt und was nicht.

In den letzten Jahren war in den Medien immer wieder vom **„Bauch-Gehirn"** – unserem zweiten Gehirn" die Rede: Unsere inneren Organe, vor allem die Bauchorgane, sind mit einem reichhaltigen regulierenden Nervensystem ausgestattet. Es steht in enger Verbindung mit dem zentralen Nervensystem, unserem Gehirn. Dieses „Bauch-Gehirn" verarbeitet eigenständig die Befindlichkeit des Körperinneren: Es registriert und reagiert auf alle Ereignisse und Erlebnisse und regelt alle Funktionen in seinem Bereich.

Durch die dichte neuronale Vernetzung „nach oben“ zum Gehirn wird jede Funktionsänderung unserer inneren Organe dorthin zurückgemeldet. Nur wenig davon wird uns bewusst – als Wahrnehmung von Wohlbefinden oder Schmerz. Solche Wahrnehmungen sind deutliche Botschaften – sie zu überhören oder zu übergehen wäre unklug!

*Gerda Boyesen hat schon vor über 40 Jahren ihr Konzept der „**Psychoperistaltik** des Darmes“ entwickelt. Nach ihrer Vorstellung macht der Darm beim Nahrungstransport nicht nur die bekannten Verdauungsgeräusche. Kaum bekannt ist, dass es außerdem eine gut unterscheidbare Gruppe von Darmgeräuschen gibt, die von feinen Spannungs- und Motilitätsänderungen in der Darmwand selbst herrühren. Diese Zustandsänderungen der Darmwand sind nicht bedingt durch die Verdauung von Nahrung – sie künden vielmehr von ihrer Beeinflussung durch das vegetative Nervensystem: Ist Alarm oder Entwarnung angesagt?*

Oft haben wir lange nach einem Schreck, einer Bedrohung oder gar nach traumatischen Ereignissen die belastenden Erlebnisse längst nicht „verdaut“ – wir suchen Abstand, möchten uns ins Bett verkriechen oder einen ganzen Urlaub lang nur im Sand liegen, das Meer rauschen hören … und endlich all das wieder loswerden, was „unverwunden“ ist.

Kann man Gerda Boysens „Psychoperistaltikgeräusche“ etwa verstehen als Ausdruck einer „seelischen Verdauungsfunktion“? Wie könnte man sich das vorstellen?

Bei Gefahr, Stress und Belastungen stellt unser Körper die Verdauungstätigkeit ein. Zunehmende Spannung im Bauchbereich gibt uns zusätzlichen „Halt von innen“. Meldet nun das Gehirn „Entwarnung“, so wird diese Meldung bis in die feinsten Fasern des vegetativen Nervensystems weitergeleitet und die inneren Organe beginnen sich wieder zu entspannen, flexibler und „durchlässiger“ zu werden – hörbar als heftige oder feine Bauchgeräusche: Die Psychoperistaltik liefert prägnante emotionale Körpersignale. Sie können sogar therapeutisch eingesetzt werden, um die „Botschaften aus dem Körperinneren" zu entschlüsseln.

Wir können nicht ungestraft gegen unseren Organismus entscheiden! Gelegentlich mag er dieses hinnehmen und großzügig „abpuffern" – aber auf Dauer können wir nicht gegen unsere organismischen Bedürfnisse handeln; wir setzen sonst unsere körperliche und seelische Gesundheit aufs Spiel!

Gegen die organismischen Bedürfnisse entscheiden: nur um den Preis körperlichen und seelischen Leidens.

Das Gehirn ist zwar ein wichtiger Teil unseres Körpers – aber nicht der einzige. Unser gesamter Organismus signalisiert in seiner Sprache durch körperliche Reaktionen ständig, welche Bedürfnisse er hat und welche Erfahrung er zu einer Entscheidung beitragen kann – und will.

Diese **neuro-psycho-somatische Sicht** gibt der Entscheidungs-Forschung eine neue Grundlage. Der Kopf widerspricht nicht länger dem Bauch – beide sind Teil *eines* Körpers.

Frau Z., Anfang 40, hat in ihrer Lebensplanung kein Kind vorgesehen. Die Zukunft der Welt erscheint ihr ungewiss; außerdem möchte sie das Leben genießen und nicht gebunden sein. Als sie dennoch schwanger geworden ist, entscheidet sie sich zur Überraschung ihrer Freundinnen, das Kind auszutragen, und freut sich auf ihr Baby. Hat ihr Verstand entschieden? Nein: Das Kind! Denn der Embryo bringt ihren Körper – und damit auch ihr Gehirn – in eine ganz andere organismische ***Entscheidungs-Verfassung*** *als zum Zeitpunkt ihrer früheren Lebensplanung. Nicht nur ihr Bauch geht schwanger, sondern der ganze Körper – und mit ihm ihr Gehirn!*

Man mag dies als einen „Betrug der Hormone" ansehen; in Wirklichkeit sorgt das Leben nur für sich selbst.

***

Gerade für emotionale Entscheider-Persönlichkeiten mit ihrer Tendenz zum schnellen, impulsiven Entscheiden aus dem

Affekt oder zu unbeirrbaren gefühlsmäßigen Entscheidungen ist es wichtig, die **Stärken, aber auch die Grenzen ihrer Hauptressource zu kennen.** Sie können ja – außer auf ihre emotionalen Impulse – jederzeit auch auf ihre *gesamten* Erfahrungen zurückgreifen. Erfahrungen sind großenteils unbewusst und daher vorwiegend emotional oder intuitiv verfügbar; zum anderen Teil aber sind sie auch rational „gespeichert".

Es ist gut zu wissen, dass das **Gehirn mehr weiß als das Bewusstsein**. Mit dem Bewusstsein allein könnten wir noch nicht einmal willentlich eine Hand koordiniert bewegen! Das Gehirn kann aber auch **mehr als lediglich Reaktionen und Emotionen** erzeugen!

Ist es nicht beruhigend zu wissen, dass unser Gehirn vielschichtig und gleichzeitig in seinen verschiedenen „Abteilungen" und „Netzwerken" arbeitet – auch in den rationalen? Daher kann es nämlich mehr als nur emotional erleben und entscheiden: Kommt man mit Emotionen und Affekten allein nicht zurecht, **kann jederzeit der prüfende Verstand** aus dem „Stand-by-Modus" in den voll aktiven Zustand versetzt und **als Korrektiv in den Entscheidungs-Prozess eingeschaltet** werden! Das Gehirn hebt nur diejenigen Entscheidungen in unser Bewusstsein, die routinemäßig oder mit dem Gefühl allein nicht wirklich gut zu entscheiden sind. Dann allerdings sollten Sie Ihren Verstand auch tatsächlich einsetzen! Denn hier können Vernunft und Verstand ein durchaus heilsames Gegengewicht zu den – offenbar unzureichenden – emotionalen Impulsen herstellen. Ihren Entscheidungen wird das zugute kommen.

Den prüfenden Verstand als Korrektiv in den emotionalen Entscheidungs-Prozess mit einschalten.

Der wahrnehmungsorientierte Entscheider-Typ

Der **wahrnehmungsorientierte Entscheider-Typ** – von Jung „Empfindungstyp" genannt, weil er in der Welt der Sinnesempfindungen lebt – entscheidet pragmatisch, je nachdem, was er unmittelbar vor sich sieht, was er hört, sieht, tastet, schmeckt.

Die wahrnehmungsorientierte Entscheiderin kommt unvoreingenommen daher, hat im Voraus keine festen Erwartungen und entscheidet spontan nach dem Angebot: Welches Sofa passt am besten in die kleine Wohnung? Welcher Mann ist attraktiv, vorzeigbar, zärtlich? Ihre Entscheidungen fallen schnell und ohne viel Federlesens. Zwei, drei Eindrücke und sie weiß: Passt!

„Nimm das Leben, wie es ist, und die Tage, wie sie kommen."
ANNE MARIE MATZAKOW

Eine Hand voll Fakten genügt, und der wahrnehmungsorientierte Entscheider legt sich fest: Dieses Auto kaufe ich. Lange Erklärungen des gewissenhaften Verkäufers sind ihm lästig: Was nun – hü oder hott? „Gefühlsduseleien" halten nur auf!

Wahrnehmungsorientierte Entscheider wirken erfrischend unkompliziert. Geduldig Entwicklungen abzuwarten, ist nicht ihre Sache. Bis dahin haben sie schon dreimal entschieden und dem Gang der Dinge ihren Stempel aufgedrückt. Sie möchten etwas bewirken in Welt.

Ihre Entscheidungen sind aber häufig auch vorläufig, ohne viel Tiefgang oder Nachhaltigkeit: „Was kümmern mich meine Entscheidungen von gestern – mach ich heute eben neue!"

Der Pragmatiker: Es gibt kein schlechtes Wetter – nur falsche Kleidung …

Ist ein wahrnehmungsorientierter Entscheider introvertiert, dann hat er Talent zum Lebenskünstler: Seine Entscheidungen trifft er leichthin – er weiß schnell, wo er sich raushalten muss, damit er unbehelligt seine Tage genießen kann.

Cool, zuweilen zu cool, kann er wirken, „ohne jeden Funken Mitgefühl" – woher auch, angesichts der schnellen Taktung seines Lebens! Kritik nimmt er ebenso pragmatisch zur Kenntnis wie Fehlschläge: Okay, ging eben daneben – nächstes Mal wird's anders gemacht.

„Empfindung" ist nicht dasselbe wie Gefühl (Emotion) – sondern es beschreibt die Eindrücke der fünf Sinne: So viel gesehen, so viel gehört …

Der Empfindungstyp – ein pragmatischer Entscheider: „Die Wirklichkeit hat immer Recht."

Wahrnehmungsorientierte Typen sind Pragmatiker. Kaum sehen sie eine Aufgabe, kaum hören sie von einem Mangel oder gar einem Notstand, da krempeln sie ohne langes Fackeln die Ärmel hoch und packen an. Unangestrengt, mit Lust auf Leistung, arbeiten sie gerne auf Profiniveau. Arbeiten sie kreativ, so ist „enthemmtes Ideenschaffen" ihre Welt. Nichts ist dabei tabu, die Welt steht ihrer Neugierde, ihrem Schaffensdrang offen. Ihre Projekte sind realistisch und knapp umrissen, Kredit scheint unbegrenzt erhältlich: „Wo ein Wille ist, ist auch ein Weg" – immer offen für noch mehr Erfolg.

Pragmatisch, ergebnisorientiert und sinnenfroh – für „Sinnlichkeit" bleibt keine Zeit!

So sind sie, die realistischen Pragmatiker: wirklichkeitsbezogen, schnell und unkompliziert im Urteilen, Entscheiden, Handeln. Unsentimental, undogmatisch, erfolgsorientiert und – da sie ihr Leben mit allen ihren Sinnen genießen – „sinnenfroh". Für „Sinnlichkeit" mit ihrem langsameren Rhythmus bleibt eigentlich keine Zeit.

In Paarbeziehungen mit gegensätzlichen Dispositionen kann diese „schnelle Taktung" bei den Partnern einiges an Disharmonie und Unstimmigkeit verursachen. Treffen jedoch zwei solcher Pragmatiker aufeinander, können sie bestens miteinander funktionieren. Sie sind die geborenen „Teamarbeiter". Ehe und Familie werden ganz pragmatisch wie eine Firma gemanagt. Auch wenn sie zusammenarbeiten, etwa beim Hausbau, bilden sie ein gut eingespieltes Tandem. Arbeiten sie beruflich zusammen – für emotionale Typen z. B. eher eine enttäuschende Erfahrung, da es im Berufsalltag mit der Harmonie der Gefühle schwierig sein kann, oder weil man öfters mal temperamentvoll „zusammenrasselt" –, dann tun das diese „Macher" ohne Wenn und Aber: Sie „malochen" miteinander und sind in ihrer wirtschaftlichen und kreativen Partnerschaft nicht zu verunsichern. Das Privatleben wird sauber vom Job getrennt. Streit kommt vor, aber sachbezogen, konstruktiv, niemals laut. Harmonie? Fast immer. Man ist sich einig: Die Wirklichkeit hat immer Recht.

Der intuitive Entscheider-Typ

Auch wenn Intuition vor allem Frauen zugesprochen wird: auch Männer verfügen darüber – falls sie ihnen nicht aberzogen wurde. Intuition kann im Leben viele Siege erringen; es gibt Entscheidungen, bei denen nur diese Eigenschaft den Kern der Dinge trifft. Gerade in den existenziellen Fragen, bei richtungsweisenden Entschlüssen, sollte sie das letzte Wort haben. Wenn das ganze Spektrum der Entscheidungs-Hilfen einbezogen wurde, kann die **intuitive Gesamtschau** die **innere Gewissheit** geben, dass man stimmig entschieden hat.

Die Entfaltung intuitiver Fähigkeiten erweitert die persönliche Entscheidungs-Kompetenz um eine ganz wichtige Dimension: um die Fähigkeit zur **Integration aller Einzelaspekte**. Wer integriert entscheidet, hat das eigene Leben besser im Griff – gerade komplexeste Entscheidungen werden zu einem erfüllenden Erlebnis. Heraufziehende Krisen werden frühzeitig erkannt und durch richtungsweisende, weitsichtige Weichenstellungen nachhaltig gelöst – ganz gleich ob im Beruf, in Beziehungsfragen oder bei persönlichen Lebensentscheidungen.

Frauen meinen oft, ihre „weibliche Intuition“ sei der als typisch männlich geltenden Rationalität weit überlegen – und umgekehrt. Eine müßige Diskussion! Wieso nur einen Bruchteil des wirklich vorhandenen Entscheidungs-Potenzials nutzen? Wagen Sie doch, Ihr *ganzes* Entscheider-Potenzial zu erkennen und einzusetzen – Sie werden überrascht sein, wie stimmig Ihre Entscheidungen werden!

Die Fähigkeit zum intuitiven Erfassen von Zusammenhängen – und damit zu weitsichtigen Entscheidungen – ist nämlich eine hoch komplexe mentale Begabung, die nur uns Menschen gegeben ist.

Im Laufe der geschichtlichen Entwicklung eroberte der Mensch immer neue Lebenswelten – klimatisch, geographisch, sozial und technisch. Den Herausforderungen dieser neuen Welten flexibel zu begegnen vermochte er durch **die Entwicklung von zwei neuen Fähigkeiten: Intuition und Vernunft.**

Mit ihren ***fünf Sinnen*** *die Situation schnell wahrzunehmen und unmittelbar,* ***instinktiv*** *zu reagieren waren unsere vormenschlichen Primatenvorfahren ebenso gewohnt, wie* ***emotional*** *durch starke Affekte zu reagieren. Wenn es mal nicht so eilte, konnten sie auch durch Gefühle und Stimmungen frühere Erfahrungen und Einschätzungen zur Geltung bringen – das hatten sie ebenfalls bereits von ihren Vorfahren geerbt.*

Sie verfügten außerdem über die Fähigkeit zur Propriozeption (d. h. zur Wahrnehmung des Körperinneren) und zur kinästhetischen Wahrnehmung (der eigenen Bewegung also), mithin über ***den sechsten Sinn.*** *Beide Fähigkeiten dienen der Wahrnehmung des eigenen Körpers und dessen Orientierung in Raum und Zeit.*

Jeder Busfahrer, der seinen großen Reisebus durch schmale und zugeparkte Straßen lenkt, hat dieses „Feingefühl". Jeder Mechaniker, der mit feinen Apparaturen arbeitet, jeder Chirurg verfügt darüber, und jeder Tänzer kennt dieses differenzierte „Körpergefühl", das eigentlich eine Körperwahrnehmung durch den ***„Körper-Sinn"*** *ist.*

Der Mensch der Vorzeit musste jedoch mehr als nur sinnliche, emotionale und instinktive Fähigkeiten entwickeln, um zu überleben: **Rationales Denken** war angesagt, wertendes Nachdenken über Geschehenes, aber auch kluges Vorausdenken von Künftigem wurden notwendig. Denn Entwicklungen mussten analysiert, Handlungen intelligent geplant werden.

Dafür brauchte der frühe Mensch aber ein anderes, ein erweitertes Gehirn mit neuen Möglichkeiten und Kapazitäten. Die Evolution des Gehirns war schon so weit fortgeschritten, dass es den Keim zu dieser Entwicklung schon in sich trug; sie brauchte nur noch entfaltet und ausgebaut zu werden. Der Weg zur Ausbildung eines grenzenlos lernfähigen, auch substantiell großen Gehirn war frei.

Es wurde ein Erfolg: Seit mindestens 30 000 Jahren arbeiten wir mit demselben Modell! Es hat sich als ungemein anpassungs-, ausbau- und wandlungsfähig erwiesen: Es programmiert und wartet sich laufend selbst, sichtet und wertet unendlich viele Eindrücke, macht sich ein Bild von allem und konstruiert die Welt versuchsweise ständig neu. Es verliert zudem nie den Überblick über seine neuronalen Netzwerke und liefert bei Bedarf „Breitwand-Panoramaaufnahmen" aller Zusammenhänge mit seiner „Intuitionskamera": Unser Gehirn ist einfach nicht zu toppen – außer durch sich selbst. Und vor allem: Seine Entwicklung ist noch längst nicht abgeschlossen – ebenso wie die Evolution unserer Fähigkeiten!

Außer dem Denken war also noch eine **weitere Fähigkeit notwendig** geworden für ein Überleben – das persönliche und das der Gemeinschaft –: Der Mensch musste sich einen Gesamtüberblick über seine äußere und innere Lage verschaffen können. Diese **„intuitive Gesamtschau"** der Zusammenhänge steht über Raum und Zeit, verbindet individuelles und kollektives Wissen, Bewusstsein und Unbewusstes, Vergangenheit, Gegenwart und Zukunft. Auch dieser **„siebte Sinn"** steht jedem Menschen zur Verfügung – beim einen mehr, beim anderen weniger ausgeprägt, je nach Anlage und Übung.

Unser Busfahrer muss seinen Bus nicht nur heil durch die engen Altstadtstraßen steuern, er benötigt zudem einen „Riecher", wo er einen Parkplatz findet und welche Schleichwege er fahren kann, um trotz Verkehrsstau seinen Zielort rechtzeitig zu erreichen – und nicht zuletzt braucht er eine Ahnung, wo er die vermissten Fahrgäste auftreiben könnte.

Mit zunehmender Arbeitsteilung wurden jedoch – auf Grundlage sowohl von Anlage als auch von sozialer Auswahl – bislang allgemeine Fähigkeiten zu speziellen Begabungen und Fertigkeiten weiterentwickelt. Das Intuitive – Ahnungen, Hellsichtigkeit und Prophezeiungen – überließ man den „Auserwählten": Schamanen, Sehern, Propheten, Dichtern und Heilern.

In unserer industrialisierten westlichen Welt sind diese **„intuitiv Hochbegabten“** – Hellseherinnen, Wahrsager, Schamanen und Heiler aus allen Ethnien und Kulturkreisen – in kulturelle Randbereiche abgedrängt worden. Hatten sie früher aufgrund großer öffentlicher Beachtung eine Sonderstellung in der Gesellschaft, so verleiht ihnen heute gerade ihre Randstellung eine besondere „Aura“. Denn das Bedürfnis nach Zugang zu intuitivem Wissen ist ungebrochen.

Auch bei wirklich **guten Entscheidern** ist die Fähigkeit zum intuitiven Erfassen der Wirklichkeit hoch entwickelt – sei es durch Anlage, frühe Prägung oder fortgesetzte Übung. Der intuitive Entscheider-Typus entscheidet aufgrund seiner bisherigen Erfahrungen, die verdichtet sind zu inneren Bildern. Sie können Jahre zuvor entstanden sein – jetzt werden sie in der „Eingebung“ oder „Schau“ verfügbar.

„Ich verstand, dass ich nicht dass malen musste, was ich sah, sogar nicht das, was ich fühlte, sondern nur das, was in mir, in meiner Seele lebte“ – so beschreibt der Maler Alexej von Jawlensky sein Entscheiden über künstlerische Inhalte. Nicht die Wahrnehmung der Augen, nicht seine Emotionen, sondern sein intuitives seelisches Erleben war die Quelle seines künstlerischen Schaffens.

Um diese „Essenz allen Wissens“ freizusetzen, braucht ein intuitiver Entscheider immer wieder – zumindest für Momente – eine gewisse innere oder äußere Distanz zum vordergründigen Geschehen. Dann vermag er mit sich zu Rate gehen, um die tieferen Ursachen und Hintergründe intuitiv zu erfassen. Dieses Vorgehen mag zwar Zeit beanspruchen, manches muss man auch erst einmal überschlafen, dafür aber hat der intuitive Entscheider das **Erleben von Evidenz** und kann für seine Einsichten einstehen: „So ist es stimmig und nicht anders – begründen oder erklären kann ich es nicht, ich weiß es einfach!“

Der Intuitive entscheidet aus dem Erleben von Evidenz heraus.

Aus alten Epen, aus der Bibel und den homerischen Dichtungen wissen wir, dass die Menschen zu jener Zeit weitgehend aus intuitiver „Wesens-Schau" heraus lebten und entschieden. Julian Jaynes stellt in seinem Buch „Der Ursprung des Bewusstseins durch den Zusammenbruch der bikameralen Psyche" sogar die Behauptung auf, dass das Bewusstsein in der Menschheitsgeschichte erst vor rund 3000 Jahren aufgetreten sei und unsere Vorfahren bis dahin nur „intuitiv" entscheiden konnten:

„Die Helden Homers und alle ***Menschen der Frühzeit*** *konnten in Grenzsituationen, unter Stress nicht selbstbewusst entscheiden wie wir. Stattdessen vernahmen sie akustische Halluzinationen – Stimmen von Göttern. So sprach Jahwe zu Moses aus dem brennenden Dornbusch, Pallas Athene zu Achilleus. Die vorbewussten Menschen folgten der Stimme, die sie hörten [...] der Stimme Gottes, die von außen zu ihnen zu sprechen schien – oder den Priestern, die jene Stimme vernahmen."*

Jaynes legt dar, dass zu jener Zeit die beiden Gehirnhemisphären funktionell noch weitgehend voneinander getrennt gewesen seien: Das Sprachzentrum in der einen Hemisphäre habe mit dem Hörzentrum in der anderen kommuniziert. Ist es aber etwas so völlig anderes, wenn ich behaupte, dass mir „meine innere Stimme" etwas sagt, oder dass ich eine „Eingebung" hatte und die Lösung des Problems ganz deutlich „vor mir sehe"?

Während bis ca. 1000 vor Christus die meisten Menschen wohl gar nicht anders konnten als ihren Intuitionen – erlebt als „göttliche Eingebungen" – zu folgen, „spezialisierten" sich später „offiziell" nur noch Propheten und Seher auf Eingebung und Intuition. Heute traut man Intuition gerade mal noch den Dichtern zu. Das ist aber nicht richtig: Jede Mutter, die ihr Baby umsorgt, hat ein feines Gespür für die Bedürfnisse ihres Kindes. Mancher hat im Umgang mit Menschen ein gutes Fingerspitzengefühl, vom „siebten Sinn" vieler Liebender, guter Menschenkenner, von Hellsehern und vor allem auch: von guten Entscheidern ganz zu schweigen ...

***

Wie aber hat man sich nun das **Zustandekommen von Intuition** vorzustellen? Aus welchen Quellen schöpft man beim intuitiven Entscheiden? So stark das Erleben von Evidenz und Gewissheit beim intuitiven Erleben ist, so schwierig ist es, die Herkunft dieser Fähigkeit zu beschreiben – und so unterschiedlich sind folglich die Definitionen.

Der **pragmatische Erklärungsansatz** geht davon aus, dass **intuitive Entscheidungs-Findung erfahrungsfundiert** ist: durch **Wiedererkennen vertrauter Situationen**. Dieser Erklärungsansatz nimmt der Intuition den Nimbus des Geheimnisvollen und Unergründbaren, der wohl nur ein „Begleitphänomen" ist, und öffnet die Augen für ihre bodenständige, alltägliche Bedeutung in unserem Leben.

Neben der Spezialbegabung von besonders intuitiv-sensitiv veranlagten Menschen ist Intuition unser aller Erbteil der Evolution: Sie stellt einen direkten Zugang zum Wissen dar und ist nicht zu verwechseln mit dem „Bauchgefühl", das ein emotionaler „somatischer Marker" ist.

Wir haben schon erfahren, dass in unserem Gehirn unterhalb der Schwelle des Bewusstseins einflussreiche kognitive Mechanismen wirken, die unser Erleben, Denken und Tun leiten und uns den Kopf frei halten für andere wichtige Funktionen – Menschen und Dinge wiedererkennen, rechnen, Projekte planen …

Das Wahrnehmen und Denken leistet unser Gehirn hauptsächlich durch zwei kooperierende Funktionssysteme: Während das rationale Bewusstsein von der linken Gehirnhälfte aus operiert (kontrolliertes Denken, Sprechen, Rechnen, logische Analysen), erbringt die rechte Hemisphäre eher emotionale und intuitive Leistungen, arbeitet assoziativ und integrativ – über neuronale Netzwerke und Nervenbahnen verknüpft mit vielen anderen Gehirnbereichen und mit den Nervenbahnen unseres gesamten Organismus. Alles zusammen ergibt das Erleben, Begreifen und Gestalten unserer Lebenswelt.

„Das, was ich weiß, von dem ich aber nicht weiß, dass ich es weiß, beeinflusst mich mehr, als ich weiß ... Die **Intuition bedient sich der Summe unserer Erfahrungen** – weshalb wir zu besonders guten intuitiven Lösungen auf solchen Gebieten kommen, auf denen wir Experten sind." (Heiko Ernst)

Gary Klein, der Autor von „Natürliche Entscheidungs-Prozesse", erforscht „vor Ort", wie Menschen in schwierigen, für sie neuartigen Situationen zu Entscheidungen gelangen. Er betont die Wichtigkeit von Erfahrung: Erfahrene Entscheider, so berichtet er, stellen sich visualisierend vor, welche Möglichkeiten machbar sind und welche Schwierigkeiten auftreten können – und sie nutzen „die erste brauchbare Möglichkeit, die ihnen einfällt, nicht die beste".

Erfahrene Ärztinnen, Handwerker, Techniker, Polizisten, Feuerwehrleute, Lehrerinnen, Geschäftsleute etc. können auf ihre intuitiven Schnelldiagnosen vertrauen: Sie verfügen über einen großen Fundus an Erfahrungen voller Einzelfälle, Vorkommnisse, Berichte und Ideen. Dabei „greifen sie [...] auf große Bestände *prozeduralen Wissens* zurück – die Intuition stellt ihnen das Know-how zur Verfügung, während das rationale Denken eher auf das Know-what spezialisiert ist" (Heiko Ernst).

Unser Gehirn ist mit seiner bewussten Tätigkeit konzentriert auf das rationale Bearbeiten jeweils *einer* Sache. Währenddessen nimmt es aber gleichzeitig eine Vielzahl von Ereignissen wahr; es sortiert, bewertet und schleust das Brauchbare in unser Gedächtnis, ohne dass wir dies bewusst wahrzunehmen brauchen. So kann der Kopf frei bleiben für Aufgaben, bei denen es auf ein gezieltes, konstruktives Bewusstsein ankommt.

Wenn die Essenz dieses unbemerkt aufgenommenen Wissens in unser Bewusstsein gehoben wird, dann erleben wir eine Intuition. Intuitionen tragen den „Gütestempel" der Evidenz: Wir sind ganz sicher, dass dieses Erfassen der Dinge stimmig ist. Entscheidungs-Arbeit brauchen wir dann nicht mehr zu leisten:

Unser Gehirn hat uns seine Entscheidung, die alle Erfahrungen zusammenfasst, schon als Intuition geliefert. Was für ein Service und Luxus – wir müssen nur noch darauf vertrauen. Und: Wir dürfen es auch, allerdings nicht blindlings.

Eingebung – Einbildung, Wahrtraum oder Wunschtraum?

Intuition ist nicht unfehlbar. Unsere Erfahrung, wenn sie nicht mit der aktuellen Realität „synchronisiert" wird, kann uns in die Irre führen; dann machen wir Fehler. „Wieso passiert das gerade mir?", mögen wir uns immer dann fragen, wenn die Realität uns unsere Fehleinschätzungen unmissverständlich spüren lässt.

Wenn wir klug sind, geben wir uns auf diese Frage eine ehrliche Antwort. Wir erweitern dadurch unseren Erfahrungsfundus – und verbessern die Qualität unserer künftigen Entscheidungen.

Kapitel 10

Leitsterne des Lebens
Träume, Ziele, Werte und Visionen

„Mit siebzehn, da hat man noch Träume, da wachsen noch alle Bäume in den Himmel …“ – und was so hoffnungsvoll erträumt wurde, endet oft in Resignation. Das muss aber nicht sein! **Phantasien und Träume sind ein kostbares Kapital.**

Aus dem reichen Schatz des Unbewussten steigen die Nachtträume auf, möchten entschlüsselt und verstanden sein. Auch Tagträume und Phantasien sind chiffrierte Botschaften aus dem Unbewussten. Sie müssen „decodiert“ werden, bevor sie handlungsleitend werden können. Keinesfalls dürfen sie wie eine Gebrauchsanweisung verstanden werden – darüber besteht oft große Unkenntnis: Aus einem Lexikon der Traumsymbole lassen sich diese persönlichen inneren Bilder nicht entschlüsseln!

Visionen ermöglichen die Peilung, Ziele aber sind die Wegzeichen.

Gerade für Jugendliche ist es außerdem wichtig zu wissen, dass ihre Träume als Visionen zu prägnanter Gestalt finden müssen, um im Leben leitend sein zu können. Visionen sind Leitbilder – weit entfernt, unerreichbar, unzerstörbar. Sie zeigen uns die Richtung an, in der wir unsere Ziele definieren, in die wir gehen müssen.

Im Unbestimmten von Träumen und Phantasien stecken zu bleiben, Visionen nicht in Zielen zu konkretisieren – das bedeutet, niemals zielgerichtet handeln zu können!

Visionen sind die Leitsterne; Ziele die Häfen.

Visionen sind wie leuchtende Sterne: sie ermöglichen jederzeit Orientierung und Peilung. Ziele aber sind wie Häfen, die man ansteuert auf der Fahrt zum großen Ziel.

Ziele zu definieren ist eine Kunst. Sie müssen einerseits in Richtung der Visionen liegen, andererseits in Übereinstimmung mit unseren ethischen Werten und moralischen Normen stehen – und vor allem auch: in der Realität wurzeln. In diesem Fadenkreuz gilt es, Ziele konkret und überprüfbar zu umreißen. **Woran kann ich erkennen, dass ich mein Ziel erreicht habe?** Da heißt es Farbe bekennen, konkret werden, sich nicht in vagen Unbestimmtheiten zu tummeln. Die Definition von Zielen ist einer der wichtigsten Schritte bei gutem Entscheiden! Nur **Ziele, die, präzise benannt, genau im Schnittpunkt von Fakten und Visionen, Werten und Normen liegen,** ermöglichen ein gerichtetes, zielgenaues und effektives Handeln.

Ziele zu bestimmen ist eine große Kunst.

Die Büroangestellte Pina B. wusste schon als junges Mädchen, dass sie nach Australien auswandern und „im Busch" etwas aufbauen wollte. Jetzt, mit 45 Jahren, schaut sie auf ihr Leben zurück und trauert, weil ihr bisheriges Arbeitsleben in einem vollklimatisierten Großstadtbüro das Gegenteil dessen ist, was sie sich einst erträumte. Schlimmer noch: Sie war noch nicht ein einziges Mal – auch nicht wenigstens für einen Urlaub – in Australien! Früher war sie so stolz auf die Bumerangs und Australienfotos, die ihr Wohnzimmer schmücken. Heute wird sie traurig und bitter, wenn sie daran denkt, dass ihre Jugendträume niemals Wirklichkeit wurden. „Jetzt ist es zu spät, sie zu verwirklichen", sagt sie niedergeschlagen und resigniert.

Visionen stehen am Himmel, Ziele fest auf der Erde.

Ob es wirklich zu spät ist oder ob Pina B. ihrem Leben doch noch eine Wendung in Richtung ihres Jugendtraumes geben wird, sei dahingestellt. Eines aber gilt zu jeder Zeit: Kein Traum wird sich jemals verwirklichen, wenn er nicht mit der vollen Kraft einer handlungsleitenden Vision ausgestattet wird!

„Es ist nie, es ist nie zu spät, wenn es um die große Liebe geht!"
DEUTSCHER SCHLAGER DER 60er-JAHRE

***

Jeder kennt Situationen, in denen man Entscheidungen vor sich herschiebt, Argument und Gegenargument sich die Waage halten, Entscheidungen nicht möglich erscheinen. Da ist eine Konstellation entstanden, die uns nicht erlaubt, einfach Ja zu sagen zu einer der Handlungsalternativen, die wir vor uns sehen. Wir könnten es dabei bewenden lassen – manchmal gibt es Für-und-wider-Situationen, in denen gilt: Kommt Zeit, kommt Rat.

Aber dürfen wir uns wirklich um die Frage herumdrücken: Was ist meine **Berufung,** meine **Bestimmung**, was sind **meine Visionen?** Sie mögen einwenden: „Ja, gibt es das denn – Bestimmung?" Ich schlage vor, daraus keine Glaubensfrage zu machen, sondern diese „altmodischen" Begriffe als Arbeitshypothesen zu verwenden, sich vielleicht sogar für diese Möglichkeiten zu öffnen.

Oft höre ich Menschen klagen: „Ich lebe meine Talente nicht, ich kann meine Möglichkeiten nicht ausleben, ich habe mir unter ‚Leben' etwas ganz anderes vorgestellt", oder: „ … ich hatte noch nie Gelegenheit, es mir vorzustellen."

Dann wird es höchste Zeit, sich zu fragen: Was erwarte ich vom Leben? Und umgekehrt: Was habe ich im Leben zu geben? Was habe ich eigentlich für eine Vision von meinem Leben? Oder einfach: Was ist meine Bestimmung, wofür bin ich da?!

Wer sich scheut, seine Visionen prägnant werden zu lassen und daraus ganz konkrete Ziele abzuleiten, die er Schritt für Schritt verwirklichen kann, der wird weiter träumen müssen. Träume muss man „vom Kopf auf die Füße stellen" – und dann den ersten Schritt machen, dem Dutzende, Hunderte weiterer, zielführender Handlungsschritte folgen müssen: Tag für Tag, Woche für Woche, Monat für Monat, oft über lange Zeiträume.

Träume muss man „vom Kopf auf die Füße stellen".

Berühmt geworden ist Heinrich Schliemann, der Entdecker des antiken Troja. Er war überzeugt, dass es dieses Troja wirklich gab, dass es folglich auch auffindbar sein müsste. Ein ganzes

Leben lang ist er ***seiner Vision treu*** *geblieben, Troja zu entdecken und auszugraben. Keine Arbeit hat er gescheut, hat Spott auf sich genommen, sich Schritt für Schritt Ziele gesetzt und sie in zäher Entschlossenheit erreicht, hat alles auf diese Karte gesetzt, und – war erfolgreich!*

„Wenn deine Bilder nicht gut genug sind, warst du nicht nah genug dran."

ROBERT CAPA, FOTOGRAF

Manche Menschen fühlen sich berufen, der Menschheit durch ihr Leben etwas Einmaliges zu schenken. Sendungsbewusstsein macht es leichter, dem „Stern" zu folgen.

Was aber machen wir „Normalos", die ganz einfach unser eigenes Leben gestalten müssen und wollen? Vor uns liegt ein **unbegradigter Weg**: Wir müssen herausfinden, wofür es sich lohnt, unser Leben einzusetzen; unserem Leben einen Sinn zu geben und uns zu entscheiden, diesen Weg auch zu gehen: **entschieden, konsequent und mit Beharrlichkeit**. So schafft man die **Voraussetzung für gutes Gelingen**. Das mag sich einfach anhören – ist aber gar nicht so leicht, wenn man nicht „beseelt oder besessen ist" von einem großen Ziel! Also greifen wir zu einem kleinen Trick – möchten Sie es versuchen?

Entschieden, konsequent und mit Beharrlichkeit die Voraussetzung für gutes Gelingen schaffen.

Bestimmung der Lebensziele

Stellen Sie sich vor, mit 90 Jahren am Ende Ihres Lebens zu stehen und zurückzuschauen auf das, was Sie der Welt gegeben haben.

Sie sagt Ihnen, was Sie noch nicht getan haben, was Sie hätten tun müssen oder noch tun müssen, um Ihre Lebensaufgabe zu erfüllen; um das zu verwirklichen, wofür Sie da sind.

Wenn Sie einen Moment die Augen schließen und sich jemanden vorstellen, der in Ihren Augen ein gutes Leben lebt:

Was kennzeichnet diesen Menschen?
Was genau unterscheidet ihn von anderen Menschen?

Ich denke, dass ein solcher Mensch bewusst oder unbewusst nach einem inneren Bild gelebt hat, das er in der äußeren Welt umgesetzt hat, mehr oder weniger konsequent, mehr oder weniger gelungen. Denn je eindeutiger jemand die Antwort kennt auf die Frage, wofür er jetzt auf der Welt ist, was er mit seinem Leben vorhat, wofür er es einsetzt – und je entschiedener er in diese Richtung geht –, desto klarer strahlt er diese Gewissheit auch aus.

Ein Mensch mit Ausstrahlung weiß, wofür er lebt.

Dieser Mensch hat sein Leitbild. Klug hat er sich Ziele gesteckt, die mit seinen Begabungen übereinstimmen, welche er im Rahmen seiner Persönlichkeitsstruktur und seiner konstitutionellen Möglichkeiten verwirklichen kann.

Zu diesen **konstitutionellen Möglichkeiten und Begrenzungen** gehören neben unserer intellektuellen und emotionalen Ausstattung auch unsere körperliche und gesundheitliche Verfassung.

Sieht man genauer hin, so wird auffallen, dass bei aller Vielfalt möglicher Lebensphantasien nicht beliebig viele umsetzbar sind: Zu den Begrenzungen, denen wir unterliegen, gehören auch die **„aufgepfropften Visionen“:** Familienaufträge, die wir unbewusst übernommen und nun zu erledigen haben – Aufträge, die aus der Geschichte der Familie resultieren und die an uns delegiert worden sind.

„Geschlagen ziehen wir nach Haus, die Enkel fechten's besser aus!“
LIED DER ÜBERLEBENDEN DES SALPETERER-AUFSTANDES IM HOTZENWALD

Deutlich erlebbar werden solche „Fernsteuerungen“ bei meinen „Familien in Bewegung“-Seminaren, einer bewegungsanalytischen Wei-

terentwicklung der Systemischen Familienaufstellung. Dabei wird Familiendynamik in all ihren Facetten erlebbar.

Man sieht dabei immer wieder, dass Menschen versuchen, Probleme zu lösen und Werte einzulösen, die seit Generation in der Familie ungelöst sind. Diese Aufträge, die über das Unbewusste vermittelt werden, sind sie jedoch nicht zu lösen, solange sie unbewusst bleiben! Wir müssen davon ausgehen, dass vier Generationen an einer unlösbaren Situation „stricken".

Jeder Generation kann es jedoch gelingen, derartige unbewusste Verstrickungen aus dem Unbewussten auf die Ebene des Bewussten zu holen.

Dann kann Schritt für Schritt eine eigene, freiere Lebensgestaltung aufgebaut werden – und es beginnt eine neue und glücklichere Geschichte. Jetzt können eigene Werte, eigene Träume in selbstbestimmten Leitbildern und Zielen ihre Gestalt gewinnen und ohne Überforderung gelebt werden.

Kapitel 11

Entscheiden, dass die Post abgeht
Wie man strategisch und ganzheitlich vorgeht

„Gut entscheiden – mit Kopf, Herz, Bauch und allen Sinnen" – lassen Sie mich eine **Strategie darstellen**, wie wir unsere Entscheidungs-Prozesse so gestalten können, dass die Ergebnisse übereinstimmen mit

- der **Realität,** der äußeren und der inneren, und ihren Möglichkeiten (vgl. Kap. 1–3),
- der **Funktionsweise unseres Erkenntnisorgans, des Gehirns** (vgl. Kap. 4),
- und seiner „Mitarbeiter", der **Körperorgane** (vgl. Kap. 4 und 9),
- sowie mit unseren **anlagegemäßen und durch Erfahrung „gewachsenen" persönlichen Möglichkeiten** (vgl. Kap. 4–9).

Diese Strategieskizze greift systematisch auf, was Sie in den bisherigen Kapiteln erfahren haben, ergänzt dieses Wissen und stellt es Ihnen handlich zur Verfügung.

Erwarten Sie hier keine Schatzkiste voll mit „Techniken, Tricks und Tipps" – es gibt bereits gute Ratgeber, die Ihnen seriös und gut verständlich bewährte Entscheidungs-Techniken im Einzelnen darstellen. (Sie finden eine kleine Auswahl dieser Bücher im Literaturverzeichnis.)

„Wenige Menschen denken, und doch wollen alle entscheiden."
FRIEDRICH II.

Mein Ziel ist es, Ihnen hier in Grundzügen zu vermitteln,

- wie Sie sicher und zügig mit komplexen und schwierigen Entscheidungs-Situationen umgehen können,
- dass Sie selbständig ganzheitliche und nachhaltig tragfähige Entscheidungen treffen und damit die Weichen stellen können für einen eigenen, selbstverantworteten Weg,

- dass es auch in der schwierigsten Situation einen *Weg* gibt und dass es unsere Entscheidungen sind, die ihn zu einem *eigenen* machen, dass er *gangbar* und *sicher* sein kann und *selbst* gegangen werden muss.

Beim **strategischen Entscheiden** ist es wichtig, die folgende Erkenntnis stets in Erinnerung zu behalten und sich von ihr leiten zu lassen: **Wir sind jederzeit in der Lage, angemessen und nachhaltig zu entscheiden** – diese Gewissheit können wir voraussetzen, weil wir **durch unser exzellentes, enorm plastisches und lernfähiges Erkenntnisorgan, unser Gehirn**, die Realität der Welt um uns und in uns angemessen erkennen können. Deshalb können wir darauf vertrauen, dass wir **zutreffend entscheiden** können – geübte Entscheidungs-Kompetenz vorausgesetzt!

Denn unser Gehirn verfügt außerdem über die Fähigkeit, **immer entscheidungskompetenter** zu werden: Es hat seine Entscheidungs-Intelligenz wie alle seine kognitiven Strukturen herausgebildet, indem es sich mit der Welt ringsum und mit seinen eigenen Aktionen kritisch wertend auseinander setzte und sich ständig optimierte: „Der Geist fiel nicht vom Himmel" (Hoimar von Ditfurth).

Entscheidungs-Kompetenz: Das Gehirn merkt sich unsere Entscheidungen und lernt daraus.

Diesen umfassenden Standpunkt der evolutionären Erkenntnistheorie zugrunde gelegt, können wir mit gesichertem Vertrauen in unsere Urteilskraft darangehen, das Wissen aus den vorangegangenen Kapiteln in Entscheidungen umzusetzen.

***

*Gleich am Anfang des strategischen Entscheidungs-Prozesses steht eine **ungestützte Entscheidung: mit dem Anfangen anzufangen!** Dann können Sie als Erstes Ihre aktuelle **Entscheidungs-Frage** präzisieren, um danach Ihre **Entscheidungs-Situation** unter verschiedenen Situationstypen identifizieren zu können.*

Über einige Zwischenschritte (z. B.: ***Risiko-, Werte- und Zielanalyse, Ausweitung der Informationsbasis und Verankerung einer Leitvision)*** *bestimmen Sie dann den* ***angemessenen Entscheidungs-Modus.*** *Passt er zusammen mit Ihrer* ***Entscheider-Persönlichkeit*** *und Ihren* ***persönlichen Entscheider-Stärken?*** *Diese können mehr im rationalen oder im pragmatischen, im emotionalen oder im intuitiven Bereich liegen.*

Ihre Entscheidung: der Schlussstein im Gewölbe des Entscheidungs-Prozesses.

Diese Erkenntnisse und einige wichtige Einstellungen und Haltungen wie Achtsamkeit, Motivation und Handlungsbereitschaft sind dann zu einer Synthese zu bringen. Nun können Sie mit Umsicht und Bedacht und dennoch zügig und zielgerichtet entscheiden!

Wenn Sie, **gesichert durch einen klaren Entschluss, beginnen, Ihre in konkrete Ziele gefasste Leitvision in der äußeren Welt zu verwirklichen** – mehr oder weniger konsequent, mehr oder weniger gelingend –, dann kommt eine Ausstrahlung zustande, die Sie tragen und die Ihnen den Weg ebnen wird!

Die vier Eckpunkte integrativen Entscheidens:

- Die Art der Entscheidungs-Situation erkennen.
- Die eigene Entscheider-Persönlichkeit kennen lernen.
- Entscheider-Typ und Entscheidungs-Situation in Übereinstimmung bringen.
- Erfolgreich Entscheidungen treffen.

Fangen Sie mit dem Anfang an. Gute Entscheidungen fallen nicht vom Himmel: Sie können sich tagelang wie der Denker von Rodin hinsetzen und grübeln und brüten. Sie werden kein Ei ausbrüten, schon gar nicht eine gute Entscheidung. Also nehmen Sie Ihre Entscheidungs-Aufgabe in Angriff und machen Sie einen Anfang – es wird sich lohnen!

Gute Entscheidungen fallen nicht vom Himmel – ein Anfang muss gemacht werden.

Vor die gute Entscheidung haben die Götter die richtige Frage gestellt.

Grundsätzlich gilt: Ohne präzise **Fragestellung** keine brauchbare Antwort, keine tragfähige Entscheidung. Die Antwort ergibt sich aus der Frage, nicht die Frage aus der Antwort. In der richtigen Fragestellung findet die eigentliche Selbstkonfrontation statt. Gute Entscheidungs-Fragen müssen zuerst entwickelt werden. Das braucht Zeit, Geduld, Können, Wissen, Engagement. Bei der richtigen Frage kommt die Antwort dann meist so leicht, als würde eine Tür ins Schloss fallen. Plopp!

„Probleme" schüchtern ein – „Aufgaben" fordern heraus.

Und bitte daran denken: Nicht jede Entscheidungs-Schwierigkeit ist ein Problem! Das ist sie nur, wenn sie zunächst als nicht lösbar erscheint; zu einem Problem wird sie erst dann, wenn sie nicht in Angriff genommen wird!

Wie aber ermitteln Sie Ihre optimale Fragestellung? Am besten durch **zirkuläres Fragen**. Bei dieser Technik fragt man sich selbst – oder man lässt sich fragen – unbeirrt weiter und weiter: „Wie mache ich es, dass ...", so lange, bis man ans Ende des Fragens gelangt und ganz deutlich eine Antwort dasteht.

Mehr zum Stichwort „Fragestellung" in Kapitel 1.

Sie sagen vielleicht: „Ich habe einen Lebenstraum. Warum verwirkliche ich ihn nicht?" Doch das Warum-Fragen führt zu nichts – würde es eine Lösung ermöglichen, dann wüssten Sie sie bereits, denn Sie haben sich sicher schon hundertmal ergebnislos gefragt: „Warum, warum nur?" Eine Ursache können Sie so nicht ermitteln.

Wenn Sie allerdings fragen: „Wie mache ich es, dass ich meinen Lebenstraum nicht *verwirkliche?", dann fragen Sie nach dem Netzwerk und den Knotenpunkten Ihrer komplexen Entscheidungs-Situation – und auf einmal kommen sehr präzise und konkrete Antworten.*

Denn Wie-, Wo-, Wer- und Was-Fragen zeitigen Antworten, Warum-Fragen hingegen nur Schulterzucken!

Es kann allerdings sein, dass Sie sich den Kopf zerbrechen über die Frage: *„Was soll ich nur tun“* – und ebenfalls keine Antwort finden. Kein Wunder!

„Was tun?“, sprach Zeus – er wusste, wie man richtig fragt!

Denn die alte Frage **„Was *soll* ich tun?“ ist problematisch,** wenn es um persönliche Belange geht. Sie fragt nach einer *normativen* Antwort, wo wir doch davon ausgehen können, dass dieses „Was soll ich tun“ **in Wirklichkeit eine Frage nach den persönlichen Bedürfnissen** ist. Nach Bedürfnissen, die ich nicht so recht wahrnehmen möchte, zu denen ich nicht stehen kann oder bei denen ich einen Widerspruch zu möglichen Verpflichtungen vermute.

„Wer jede Entscheidung zu schwer nimmt, kommt zu keiner.“
HAROLD MACMILLAN

Wenn Sie nun überlegen und keine Antwort finden, selbst dann nicht, wenn Sie Ihre Leitvisionen und Werte befragen, dann kann der Grund dafür sein, dass Ihre mentale Ebene blockiert ist. Mein Vorschlag: Wechseln Sie doch von der „Kopfebene“ auf die Körperebene der Entscheidungs-Findung und fragen Sie sich: **„Was sagt mein Körper dazu?“** Vermutlich ist dort leichter eine Antwort zu finden.

Versteifen Sie sich nie auf *eine* Ebene, bleiben Sie taktisch flexibel: Suchen Sie stets nach „offenen Kanälen“ – wenn's auf dem einen Weg nicht klappt, dann eben auf dem anderen. Denn wer könnte Ihnen klarere Auskunft geben über Ihre Bedürfnisse als Ihr eigener Körper? Die Frage nach den Bedürfnissen lautet richtig: **„Was brauche ich?“**

Die Entscheidung in der Entscheidung: taktisch flexibel bleiben.

„Was brauche ich?“ – wie selten wagen wir, uns diese Frage zu stellen? Und uns einzugestehen, was unsere echten Bedürfnisse sind, und was nur Wünsche. Was also brauche ich, was will ich? Aber auch: Was kann ich? Welche Verpflichtungen habe ich?

Vom Kopf auf die Beine kommen: „Was sagt mein Körper?“

Solche Fragen sind die Werkzeuge, mit denen wir an eine Entscheidungs-Frage he-

Mehr zum Stichwort „Körperliche Indikatoren – somatische Marker" finden Sie in Kapitel 9.

rangehen können. Dabei ist noch gar nicht geklärt, was die **eigentliche spezifische Frage** ist. Nur: Wenn Sie sich mit dem falschen Werkzeug der Entscheidungs-Aufgabe nähern, dann können Sie sie nicht wirklich gut lösen!

***

Andrea S., Anfang 20, studiert Betriebswirtschaftslehre in Zürich. Sie bewältigt ohne weiteres ihre Hausarbeiten und die Klausuren – zügig und ohne Probleme. Trotzdem kommt sie zu mir und sagt: „Ich weine jeden Tag und schlafe schlecht, weil ich eigentlich gar nichts Rechtes tue und das ganze Semester nur herumsitze und mir so überflüssig vorkomme. Warum ist das so?" Gleichzeitig ist sie unkonzentriert, erlitt mehrere Sportunfälle und hat noch überhaupt keine berufliche Perspektive. Ihr Körper spricht eine deutliche Sprache!

Ich gehe immer davon aus, dass die erste Frage, mit der jemand zum Entscheidungs-Coaching kommt, unlösbar ist. Häufig enthalten sie die Worte „warum" oder „soll". Diese Fragen können die meisten Menschen nicht beantworten – sonst hätten sie das längst aus eigener Kraft getan.

„Wer mit dem falschen Knopf anfängt, kommt mit dem Zuknöpfen nicht zurande."
J. W. v. GOETHE

*Mir drängt sich der Eindruck auf, dass Andrea S. hochbegabt, daher unter- oder falsch gefordert ist. Wir vereinbaren ein **E-Mail-Coaching:** Das ist ein sehr schnelles Hin- und Herschreiben, beginnend mit einer E-Mail beliebigen Inhalts. Sie schreibt mir: „Warum bin ich so unglücklich?" In dem Moment beginnt das schnelle „Ping-Pong"-Mailen. Regelmäßig, etwa halbstündig, korrespondieren wir.*

Manche Menschen können ohnehin besser schreiben als sprechen – so einen schriftlichen „Dialog" können Sie auch mit sich selbst führen, versuchen Sie es einmal! Anders als bei einem direkten, zeitlich begrenzten Gespräch kann es beim E-Mail-

Coaching einen kontinuierlichen Entscheidungs-Prozess über mehrere Tage geben, mit sehr viel mehr Reflexionsmöglichkeit, Spielraum und Reflexionspausen, und auch mit der Möglichkeit, jederzeit auf die Gesprächsebene zu wechseln, telefonisch oder in einem Meeting.

Innerhalb von zwei Tagen merkt Andrea S. deutlich, dass sie auf der „falschen Lebensspur" ist und kein ihr entsprechendes Leben lebt: Sie hatte mit dem BWL-Studium vor allem den Vorstellungen ihrer Eltern entsprochen.

„Warum bin ich unglücklich?", fragt Andrea S. Die „Warum"-Frage verdeckt auch hier die Frage nach ihren Bedürfnissen. Die erste Frage, eine *taktische,* müsste lauten: **„Wie mache ich es, dass ich so unglücklich bin und vorbeigehe an dem, was ich brauche?"**

Hat Andrea S. erst zu der Einsicht gefunden, mit welchen unbewussten Strategien sie sich von guten Lebensentscheidungen abhält, dann muss sie den Einstieg in die nächste, die *strategische* Frageebene suchen: **„Was brauche ich, was macht Sinn in meinem Leben, will ich es wirklich?"** So entwickelt man, von Frage zu Frage weiterschreitend, nach und nach die *zentrale* Entscheidungs-Frage – die Kernfrage! Es wird nichts von außen dazugetan, sondern ganz präzise an den getroffenen Aussagen weitergefragt.

Zirkuläres Fragen: Frage, Antwort, Frage, Antwort – eines ergibt sich aus dem anderen.

Wenn Sie nun Ihre Kernfrage richtig gestellt haben, dann wissen Sie auch, *was* Sie zu entscheiden haben, und können daher eine relevante Antwort von sich erwarten – ein großer Sprung nach vorne!

***

Nun folgt als nächster Schritt die *analytische Frage:* **„Welche Art von Entscheidungs-Situation habe ich vor mir?"**

„Entscheidend ist, nie mit dem Fragen aufzuhören."
ALBERT EINSTEIN

Da Sie die unterschiedlichen Entscheidungs-Situationen bereits aus Kapitel 6 kennen, können Sie – auf diesem Wissen aufbauend – die Entscheidung über das weitere Vorgehen nun schon treffen (vgl. S. 83):

Was für eine Entscheidungs-Situation habe ich vor mir?

Lohnt sich reflektierendes Entscheiden überhaupt? Oder darf bzw. brauche ich – um angemessen zu entscheiden – **nur zu wählen zwischen stereotypem („ja/nein") oder Routine-Entscheiden („wenn–dann")?**

Das ist eine Grundregel bei den meisten Entscheidungs-Fragen im technischen und administrativen Bereich – ganz gleich, ob privat oder beruflich. **Im Beruf** allerdings sind die Entscheidungs-Spielräume meist geringer, die Konsequenzen jedoch ungleich größer – wenn jemand denn konsequent entscheidet und die Verantwortlichkeit übernimmt! Selbstverständlich ist das keineswegs – ein gesellschaftlicher Mangel, der den Kabarettisten Gerhard Polt schon vor Jahren dazu brachte, in einer bitteren Satire die Gründung von „Agenturen" zur Übernahme von Entscheidungs-Verantwortung anzuregen …

Mehr zum Stichwort „Entscheidungs-Situationen" in Kapitel 6.

Auch die Reaktorkatastrophe von Tschernobyl lässt sich aus entscheidungspsychologischer Sicht darauf zurückführen, dass die Beschränkung zulässiger Entscheidungs-Ebenen nicht beachtet wurde: Offenbar wurden der Reaktor zeitweise „intuitiv" und „nach Gefühl" gesteuert und dabei Sicherheitsvorschriften übergangen – wo selbst erfahrenen Operatoren nur professionelle Entscheidungs-Routinen zustanden. Klaus Dörner hat diese Zusammenhänge in seinem Buch „Die Logik des Misslingens" ausführlich und beklemmend dargestellt.

Tendenz: Je mehr Entscheidungs-Verantwortung, desto weniger Entscheidungs-Spielräume.

Größer als in technischen und den meisten beruflichen Bereichen erscheinen die Spielräume bei Entscheidungen im **privaten Le-**

ben. Allerdings haben solche Entscheidungen wenig tatsächliche Relevanz im Vergleich zu denjenigen, die lebensbestimmend sind in den Weichen stellenden Bereichen wie Lebensform, Wohnen, Ausbildung, Berufswahl, Finanzen. Gerade hier sind die Spielräume der Entscheidung wiederum deutlich eingeschränkt.

Wo möglich, Entscheidungs-Spielräume wahrnehmen, schaffen, zurückerobern – und wo nötig, Grenzen erkennen und respektieren.

***

Der nächste Schritt ist die **Zielanalyse** – ohne sie ist alles nichts. Ziele müssen präzise definiert werden. Ein Ziel muss deutlich umrissen sein, klar definiert und auf den Punkt gebracht. Man muss wissen, woran man erkennen kann, wenn das gesetzte Ziel erreicht ist. Präzisieren Sie daher Ihre Ziele so genau, bis Sie eindeutig die Frage beantworten können: **„Woran genau kann ich erkennen, dass erreicht wurde, was erreicht werden soll?"**

Ziele müssen präzise definiert werden: Woran erkenne ich, dass ich mein Ziel erreicht habe?

Der Weg zu verlässlichen Zieldefinitionen ist knifflig – die Versuchung ist groß, sich in Unbestimmtem zu ergehen, statt Ziele auf den Punkt zu bringen!

Eine klare Zielanalyse macht aus Entscheidungs-Problemen klar umrissene Aufgaben.

Wenn Andrea S. schreibt, ihr Studienziel sei, dass sie „etwas vom Studium hat", dann ist das vage, zu vage. Sie kann sagen: „Ich erkenne es daran, dass ich mich wohl fühle." Aber woran kann sie das erkennen? Indem sie sich ständig fragt: „Fühle ich mich wohl"? – Nein, das nervt. Sie muss ihr Ziel über etwas Greifbares definieren: „Wenn ich vier Wochen lang nicht zu weinen brauche wegen meiner Lage" – das ist überprüfbar, ein klar definiertes Ziel.

Das Erreichen eines so präzise definierten Zieles kann man eindeutig nachweisen. Entscheidet sich Andrea S. für eine mögliche Lösung ihrer Misere, so müssen die Ziele gleich zu

Beginn genau definiert und dann bis zum benannten Zeit- oder Zielpunkt auch beibehalten werden!

***

Kommen wir zum nächsten Schritt: **Informationen und Visionen.** An dieser Stelle gabelt sich der Entscheidungs-Prozess: Sie haben Ihre Entscheidungs-Situation bereits analysiert und Sie wissen schon, ob Sie einen reflektiven oder einen kreativen Entscheidungs-Weg einzuschlagen haben. **Falls Reflexion und Adaptation vorhandenen Wissens angebracht ist, benötigen Sie nun zuerst Informationen – falls aber eine kreative, innovative Entscheidung zu treffen ist, haben Visionen die Priorität. Wenn Neues entstehen soll, muss Neues aufscheinen. Sonst könnte man endlos Informationen, Wissen, Können anhäufen – eine Entscheidung käme dabei nicht heraus.**

„Am Himmel wird ein Stern geboren – wir brechen auf, er weist den Weg."

MEXIKANISCHES WEIHNACHTSLIED

Sicher kennen auch Sie Situationen, in denen man Entscheidungen vor sich herschiebt, Argument und Gegenargument sich die Waage halten, Entscheidungen nicht möglich erscheinen. Da ist eine Lage entstanden, die es nicht erlaubt, zu einer der Handlungsalternativen, die ich vor mir sehe, eindeutig Ja oder Nein zu sagen.

Mehr zum Stichwort „Visionen – Intuitionen" finden Sie in den Kapiteln 7 und 9.

Vielleicht sehe ich eben nicht weit genug, vielleicht ist mein Blickfeld eingeengt. Gehen Sie einen Schritt weiter: Schaffen Sie ein Leitbild, eine starke Vorstellung von Ihrem „Ziel hinter dem Ziel". Fragen Sie sich: Was sind meine **Visionen?** Oder noch weitergehend: Was ist meine **Berufung, meine Bestimmung in diesem Leben?**

Andrea S. hat viel Wissen und Können angesammelt: Im Studium ist sie weit fortgeschritten, nebenbei hat sie regelmäßig Weiterbildungskurse besucht und ist in allen Büro- und PC-Fertigkeiten, in Projektplanung und Verkaufspsychologie kompe-

tent. Aber sie hat nicht den Punkt gefunden, wo sie den Hebel ansetzen und sich tatsächlich sinnvoll einbringen, sich verwirklichen kann. Darüber ist sie so unglücklich geworden. Ich lade sie ein, über einige „altmodische" Begriffe nachzudenken, sie zumindest als Arbeitshypothesen zu verwenden, Kontakt zu diesen Denkmöglichkeiten zu suchen: ***Beruf, Berufung, Bestimmung.***

Wenn Sie Ihr ganz persönliches Leitbild, Ihren „Polarstern" gefunden haben, dann kann sich die Kompassnadel Ihres Lebens ausrichten. Dann können Sie aus der Flut der Informationen gezielt auswählen – und damit beispielsweise Ihrer Studien- und Berufs-Entscheidung erneut ein Stück näher rücken.

Andrea S. entwickelt im Verlauf des Mail-Coachings eine ***Vision:*** *Sie möchte zusammen mit Kollegen eine expandierende Firma leiten – ein Unternehmen aufbauen, das Qualität bietet und dafür bekannt wird. Problem und Ziel sind klar definiert, und eine hohe Handlungsmotivation ist erkennbar. Jetzt, wo sie endlich zu ihrer Vision gefunden hat, weiß sie genau, wie sie all ihr Können und Wissen einsetzen und fruchtbar machen kann. Ihr nächster Schritt ist die gezielte Beschaffung der* ***Informationen,*** *die sie für ihren Neubeginn braucht.*

***

Der weitere Schritt: **Informationen gezielt beschaffen und auswählen.** Wie man sich **objektive Informationen** beschafft, das wissen Sie bereits aus Ihrer Erfahrung – oder Sie machen sich schlau bei Kollegen und Bekannten oder in einem der vorhandenen Ratgeberbücher.

Hier möchte ich nur darauf hinweisen, dass Informationen, wie jedes der Entscheidungs-Elemente, einen **objektiven und einen subjektiven Aspekt** haben:

- Objektiv: Welche äußeren und sachlichen Informationen gibt es?
- Subjektiv: Welche Bereitschaft habe ich überhaupt zu handeln? Und welche Auswahlkriterien lege ich an?

Subjektive Informationen: Das sind auch Ihre **Vor-Entscheidungen und Vorerfahrungen,** die Sie bewusst in Erinnerung haben. Aber auch Ihr **emotionales Erfahrungsgedächtnis mit seinen somatischen Markern** gehört dazu – Sie sollten es nicht übergehen!

Man kann bei der Befragung „technisch" vorgehen. Es gibt Ringe mit Kunststeinen, die verschiedene Farben annehmen, kleine Geräte, die einen unterschiedlichen Hautwiderstand messen, je nachdem, ob Sie gestresst oder entspannt sind. Oder Sie erlernen die einfache, aber differenzierte Psychoperistaltik-Methode mit dem Stethoskop (vgl. Kap. 9). Das sind leichte, aber aussagekräftige Biofeedback-Techniken.

„Ich überlege. Mein Bauch entscheidet."
MAX GRUNDIG

Vertrauen Sie aber ruhig auch auf Ihre direkten Wahrnehmungen der „somatischen Marker" – im Verlauf Ihres zirkulären Fragens werden diese sich laufend verändern: Spüren, hören, sehen Sie ruhig hin! Wie fühlt sich das Magendrücken an? Wo liegt das ungute Gefühl genau? Was hat es für eine Farbe, Temperatur, was möchte es sagen? Nehmen Sie es ernst und lassen Sie es Gestalt annehmen. Sie kommen dadurch seiner eigentlichen Aussage immer näher.

Wenn die subjektiven Faktoren sehr stark von den objektiven abweichen, kann es enorm hilfreich sein, wenn ein unabhängiger Berater beides mit Ihnen zusammen abwägt und ins rechte Licht rückt.

Zuweilen mag es mühsam erscheinen, genügend Informationen zu sammeln – dann ist die Versuchung groß, die Entscheidungs-Frage willkürlich zu vereinfachen und „aus dem hohlen Bauch heraus" zu entscheiden. Andererseits nützt es auch nichts, einen Berg Informationen anzuhäufen, ohne überhaupt handlungsbereit zu sein. Oft fürchten wir das **Risiko und die Konsequenzen** einer Entscheidung. Angst aber lähmt und lässt uns unproduktiv werden.

***

Der nächste Schritt: **Das Entscheidungs-Risiko verringern – Ressourcen aktivieren.**

Es gibt keine Entscheidung ohne Risiko! Wie Kängurus ihre Jungen im Beutel, so tragen Entscheidungen immer ihr Risiko mit sich. Wer Risiken scheut, kann nicht entscheiden! Klug aber ist es, Entscheidungs-Risiken grundsätzlich zu prüfen auf ihren Grad an **Sicherheit oder Unsicherheit** – und das **Risiko möglichst zu verringern.**

Keine Entscheidung ohne Risiko! Wer Risiken scheut, kann nicht entscheiden!

Andrea S. hat noch keine Erfahrung mit geschäftlicher Selbständigkeit, auch befürchtet sie, ihre Eltern zu enttäuschen und sich die Aussicht auf eine akademische Laufbahn zu verderben, falls sie sich für diese Option entscheidet. Die Entscheidung müsste sie also ***unter Ambivalenz und hoher Unsicherheit treffen.***

Grundsätzlich ist die Lösung für ihr Entscheidungs-Problem jedoch bekannt. Nüchtern betrachtet: vor ihr haben schon andere ein Studium abgebrochen und ein Unternehmen aufgebaut. Größer ist die Unsicherheit im emotionalen Bereich: Würden ihre Eltern den Schritt gutheißen oder ihr eine „Szene" machen? Andererseits: Dass der Vater selbst ein erfolgreicher Geschäftsmann ist, senkt das Risiko mangelnden Know-hows – bei ihm kann sie sich geschäftlichen Rat holen. Ihr hohes subjektives Risiko in Sachen Firmengründung kann Andrea S. mindern, indem sie die Basis ihrer Ressourcen verbreitert: indem sie Informationen sammelt, Kenntnisse erwirbt, Lehrgänge absolviert – oder sich Alternativen für die Existenzgründung überlegt.

Mehr zum Stichwort „Risiko" finden Sie in Kapitel 8.

Mehr zum Stichwort „Ressourcen" finden Sie in den Kapiteln 1 und 2.

Ihre Entscheidungs-Risiken können Sie beträchtlich mindern, wenn Sie alle verfügbaren **Ressourcen aktivieren,** auf die Sie sich stützen können: **objektive** (Geldmittel, verfügbare Zeit, gute Konjunktur etc.) und **subjektive** Ressourcen (Wissen und Können, geeignete Partner, Ratgeber, Motivation, Leitvision etc.). Je mehr wir in den unsicheren Bereich hineingehen, desto weniger können wir uns auf objektive Kriterien verlassen und müssen uns mehr auf innere Ressourcen stützen. Der „Entscheidungs-Stern“ kann Ihnen dabei ein brauchbares Hilfsmittel sein.

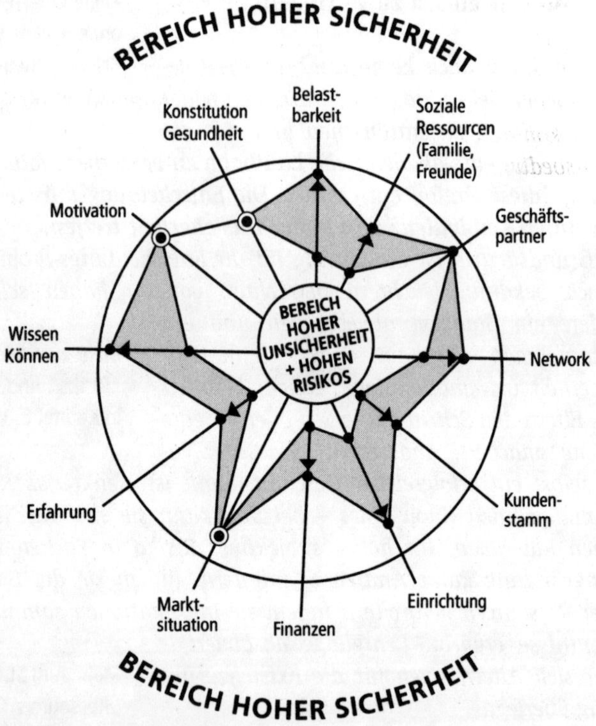

Abb.: Stern der Entscheidungssicherheit

*Zwischen **Unsicherheit/Risiko** (Mitte) und **hoher Sicherheit** (Außenbereich) hat Andrea S. ihre Entscheidung zu treffen. Auf den Achsen sind einige der Risiko-/Sicherheitsfaktoren benannt.*

*Der **innere Stern** zeigt die Ausgangslage im Hinblick auf die Risiken, der **äußere Stern** die zu erwartende Situation höherer Entscheidungssicherheit nach Durchführung der vorgesehenen Maßnahmen: Training, betriebliches Praktikum, Existenzgründungs-Seminare, Überzeugungsarbeit in der Familie, Steigerung der Stressbelastbarkeit durch begleitendes Coaching, Kreditbeschaffung …*

*Ausgangs- und Endsituation sind **identisch** bei Faktoren, die persönlich nicht zu beeinflussen sind und/oder die sich im Entscheidungs-Zeitraum vermutlich nicht ändern werden: gleichbleibend hohe Motivation, gute Gesundheit und konstitutionelle Eignung (z. B. für unregelmäßige Arbeitsbedingungen auf Geschäftsreisen, Messen usw.) sind stabil vorhanden; die Marktlage ist aussichtsreich; motivierte Geschäftspartner stehen bereit.*

Der Doppelstern lässt auf einen Blick erkennen, bei welchen entscheidungsrelevanten Faktoren erhöhte Sicherheit am dringendsten geschaffen werden muss und welche Maßnahmen den größten Zugewinn an Sicherheit erwarten lassen (schattierter Bereich). Jeder Achsenpunkt kann zum Ausgangspunkt eines neuen Doppelsterns werden: z. B. sind Wissen und Können durch ein ganzes Bündel von Maßnahmen unterschiedlicher Effektivität zu steigern – in einem neuen Doppelstern „Wissen und Können" kann jede der Maßnahmen auf einer eigenen Sternachse dargestellt werden.

Ein unentschlossener Zauderer ist keineswegs ein „Lebenskünstler".

Unsichere Voraussetzungen machen unentschlossen. Zaudern aber macht nicht lebendig, sondern fahrig, orientierungsschwach und erfolglos. Untätigkeit in **Dauerambivalenz ist kein kreatives Ausruhen;** sondern ein Dümpeln im flachen Wasser: viel Bewegung, aber nichts kommt voran. Bei sehr ambivalenten Entscheidungs-Situationen, **wenn die subjektiven und die äußeren Faktoren sich die Waage halten,** kann man sich *eine* Frage stellen, die den

Ausschlag geben kann: **„Was macht mich am meisten lebendig?“** Die Antwort liegt jenseits jeden Abwägens und kann Ihnen zum Kompass werden im unwegsamen Gelände des Lebens.

Mehr zum Stichwort „Lebendigkeit“ in Kapitel 10.

***

Im nächsten Schritt: **die eigene Entscheider-Persönlichkeit erkennen.**

Persönliche Entscheidungen sind Wegebau ins Unbekannte. Sie bedeuten, einen eigenen Weg zu suchen. Das geschieht keineswegs vor allem und bei jedem durch rationale Überlegung! Rational zu entscheiden gilt zwar immer noch als „das einzig Richtige“ und als geeignet für alle Lebensbereiche; in Wirklichkeit aber wird meist ganz anders entschieden.

Denn verschiedene Menschen haben den Schwerpunkt ihres Erlebens und Entscheidens – und somit das Zentrum ihrer Identität – in ganz verschiedenen Bereichen: Für intuitiv, sinnlich oder emotional erlebende Menschen ist ein rationaler Entscheidungs-Ansatz durchaus ungeeignet! Für sie taugt er zwar zur Kontrolle einer Entscheidung nach sachlichen Kriterien, aber nicht zu ihrer Entwicklung.

Persönliche Entscheidungen sind Wegebau ins Unbekannte.

Solange wir uns nicht klar sind, **aus welcher Kraft heraus wir entscheiden** können – und solange wir meinen, dieser Ausgangspunkt müsse immer die Rationalität sein –, wird es schwer fallen, zu guten Entscheidungen zu kommen. Anlagebedingte und früh erworbene Persönlichkeitsprägungen sind bei den einzelnen Menschen unterschiedlich und nicht beliebig veränderbar. Durch konsequente Übung und bewusste Erweiterung aber lassen sie sich flexibler und vollständiger machen. Damit können Einseitigkeiten der eigenen Entscheider-Persönlichkeit ausgeglichen und die eigene Entscheidungs-Kompetenz erweitert werden.

Mehr zum Stichwort „Entscheider-Persönlichkeit“ finden Sie im Kapitel 9.

Andrea S. besitzt, Sie haben es bereits erraten, eine Entscheider-Persönlichkeit vom emotional-pragmatisch extravertierten Typus. Was ihrer Spontaneität fehlt, ist das Fingerspitzen„gefühl" für das Mögliche und Angemessene, das intuitive Erfassen der Zusammenhänge und der Wesensart anderer Menschen.

> „Der letzte Schritt der Vernunft ist, anzuerkennen, dass unendlich viel über sie hinausgeht."
>
> BLAISE PASCAL

So kommt es, dass sie – hochbegabt und impulsiv durch ihre extravertierte Emotionalität, ihren Pragmatismus und ihre hohe Intelligenz – mitunter ihre Umgebung vor den Kopf stößt und sie als unfähig und inkompetent bezeichnet; sie kann einfach nicht begreifen, dass diese z. B. langsamer, stiller, nachdenklicher, sachlicher denken, entscheiden und handeln. Und so benimmt sie sich – mangels zwischenmenschlicher Intuition – oft wie ein Elefant im Porzellanladen.

Als sie die Zusammenhänge begreift, wird ihr auch klar, dass sie ihre Fähigkeit ausbauen muss, Zusammenhänge intuitiv zu erfassen, um sich und anderen weniger Verdruss zu bereiten und ihre Begabungen konstruktiv wirksam werden zu lassen. Die ***intuitive Seite*** *zu entwickeln sollte ihr nicht allzu schwer fallen. Die* ***sachlich-rationale Seite*** *ihres Wesens hingegen ist schwieriger zu integrieren; denn sie steht ihrer Haupteigenschaft, der Emotionalität, polar gegenüber: Emotionalität und Ratio zu integrieren ist eine äußerst schwierige Sache. Ein ebensolches Gegensatzpaar bilden Pragmatismus und Intuition – sie sind kaum miteinander zu versöhnen.*

Die „dunkle Schwester" unserer hauptsächlichen Wesensseite zu integrieren braucht meist ein ganzes Leben. Wir können schon froh sein, wenn wir von unserer „schwachen Seite" wissen und sie zu entlasten statt zu strapazieren verstehen.

Wie aber finden Sie heraus, welchem Entscheider-Typus Sie selbst am ehesten zuneigen? Das ist fürs Erste nicht schwer zu bestimmen: **Ausschlaggebend ist die Erkenntnis- oder Erlebensebene, aus der Sie spontan und mühelos am meisten brauchbare Informationen beziehen können.**

Was machen Sie unmittelbar morgens nach dem Aufwachen?

- Springen Sie aus dem Bett, lassen Sonne, Wind und Wetter und all die Morgengeräusche auf sich wirken, bereit, den Tag „bei den Hörnern zu packen“ und mit der Arbeit loszulegen?
- Wachen Sie auf mit einem freudigen Gefühl und räkeln sich wohlig? Oder sind Sie traurig und gerädert und suchen noch etwas „Nestwärme“?
- Beginnt Ihr Verstand zu arbeiten, präzise den vorigen Tag zu analysieren, die anstehenden Probleme zu sezieren und die Agenda der Tagesplanung minutiös zu planen?
- Treiben Sie noch eine Weile zwischen Wachen und Schlafen, lassen Traumbilder, Erlebnisse, Zusammenhänge vor Ihrem inneren Auge vorbeiziehen, bis sich alles zu einem Bild gefügt hat und Sie wissen, was zu tun ist?

Sie werden an Ihren Antworten unschwer die vier Persönlichkeitstypen an ihrem typischen Handeln unterscheiden können.

Wenn Sie in Ergänzung zu diesen spontanen, aber zutreffenden Persönlichkeitszuordnungen in einem ausführlichen Persönlichkeitstest auf vorgefertigten Testbögen Ihren Persönlichkeitstyp bestimmen möchten: einen ausgearbeiteten **Persönlichkeitstest nach C. G. Jung** finden Sie auf der Internetseite www.ship.edu @cgboeree/jungiantypestest.html.

Andrea S. findet im Verlauf des E-Mail-Coachings mühelos selbst heraus, welchem Entscheider-Typ sie angehört: Wann immer eine neue Frage auftaucht, erlebt sie als Erstes Gefühle von freudigem Interesse oder Unlust. Gleich darauf fängt sie voller Energie an, Eindrücke und Fakten dazu zu sammeln. So weiß sie recht bald, dass ihre Entscheider-Schwerpunkte in ihrer Emotio-

nalität liegen: in der Fähigkeit zu eindeutigen und starken Gefühlen. Zudem verfügt sie über die Fähigkeit zur klaren Wahrnehmung der Realitäten und zu pragmatischem Handeln – sie ist eine „begeisterungsfähige Macherin".

Nun stellt sie sich darauf ein und kann unmittelbar erleben, wie schnell und konstruktiv sie Dinge anzugehen vermag, wenn sie sich auf diese Fähigkeiten verlässt – statt wie bisher zunächst intellektuell zu analysieren und zu argumentieren. Rationales Entscheiden ist nun mal nicht ihre Sache! Das ist nicht weiter schlimm, solange sie die rationale Analyse zur Kontrolle ihrer Entscheidung erst zum Schluss einsetzt – statt sich, wie bislang, zu Beginn damit aufzuhalten und darüber ihre eigentlichen Stärken zu vernachlässigen. Alternativ kann sie zur Absicherung ihrer emotional-pragmatischen Entscheidungen jemand anderen bitten, als „Controller" ihre Entscheidungen ganz sachlich unter rationalen Gesichtspunkten auf ihre Tragfähigkeit zu prüfen.

Gute Entscheider berücksichtigen ihre unbewussten Dispositionen und Grundeinstellungen. Sie wissen: Alle Wahrnehmung, alles Erleben und Handeln wird durch unser Unbewusstes gebahnt und gefiltert und mit einer passenden Dynamik versehen. Diese Voraussetzungen sind wirksam – sie nicht zur Kenntnis zu nehmen, wäre unklug: Wir würden über unser eigenes Wesen stolpern!

Unbewusste Einstellungen und Prägungen übergehen heißt, sich selbst ein Bein zu stellen.

Wir müssen jedoch die Verantwortung für die Vollständigkeit unserer Entscheidungen übernehmen. Statt also zu fragen „Was soll ich tun?", ist die Frage an sich selbst zu richten und zu beantworten: **„Was habe ich für ein Bild von mir? Wer bin ich in dieser Lebenssituation?"**

Die Antwort mag nicht einfach sein – vor allem, wenn Sie die Schwierigkeiten ahnen, die auftauchen können, wenn Sie sich **aufrichtige Antworten** geben! Sofern Sie sich konsequent verhalten, mag Ihre Umgebung mit Empörung reagieren: „Bisher war er doch nicht so – was ist nur mit ihm geschehen?!"

Andrea S. hat im Laufe des Mail-Coaching aufgegeben, sich selbst mit Vorstellungen zu disziplinieren, wer sie sein soll, wie sie sein müsse, um äußeren Ansprüchen zu genügen. Sie schreibt ihren Eltern von ihren Plänen, schildert ihnen ihre Vision und berichtet davon, wie sie ihre Entscheider-Persönlichkeit entdeckt hat. Auch davon, dass sie es so bequem fand, immer eine „liebe Tochter" sein zu wollen – und von ihren Ängsten, die Eltern zu enttäuschen, wenn sie zu ihren eigenen Bedürfnissen steht. Sie schildert, wie sie bereit geworden ist, dieses Bild von sich selbst aufzugeben zugunsten eines neuen, reiferen Selbstbildes. Sie erwartet von ihren Eltern Verständnis dafür, dass sie die Verantwortung für ihr Leben nun selbst übernommen hat. Und sie bittet um ihre Unterstützung auf dem neuen Weg in die Selbständigkeit. So reguliert sie flexibel ihre Bedürfnisse, Ängste und Anforderungen.

Wünsche können falsch sein, Bedürfnisse niemals.

***

Ein weiterer Schritt: **Werte**

Ob wir es wahrhaben wollen oder nicht: Alles Tun und Lassen ist von verinnerlichten Werten mitbestimmt. Werte verändern sich gesellschaftlich und persönlich im Laufe der Zeit. Man tut deshalb gut daran, sich möglichst zeitig klarzumachen, welche Werte man selbst verinnerlicht hat. Oftmals nehmen wir sie erst dann zur Kenntnis, wenn sie in Konflikt zueinander oder mit unseren Wollen, Entscheiden und Handeln geraten.

Werte verschiedenster Qualität und Herkunft stehen zur Auswahl und oft auch in Konflikt miteinander – wir haben die Wahl und können entscheiden.

- *Materielle Werte* wie Sicherheit, hohes Einkommen, Wohlstand, Karriere, physische Eigenschaften,
- *„postmaterialistische" Werte* wie Kultur, Partizipation, Selbstverwirklichung, Lebensqualität, Genuss, Spaß, Eigenständigkeit, Unabhängigkeit

oder die *traditionellen immateriellen* Werte:

- so genannte „*Sekundärtugenden*" wie Gemeinsinn, Altruismus, Freude, Fleiß, Pünktlichkeit, Zuverlässigkeit oder Treue,
- „*Kardinaltugenden*" – „antike" wie Klugheit, Gerechtigkeit, Tapferkeit, Mäßigung, oder christliche wie Glaube, Hoffnung, Liebe – sowie
- Werte anderer Ethnien, Kulturen und Religionen, etwa die muslimischer Einwanderer, sind nicht mehr zu übersehen oder zu übergehen (die Diskussionen über Kopftuchverbot und muslimischen Religionsunterricht zeigen es deutlich).

Um stets den Überblick zu behalten, welche Werte Sie bei Ihren Entscheidungen „bedienen", schlage ich vor: Machen Sie doch einfach eine *Liste aller Ihrer Einstellungen und Werte*, die Ihnen bewusst werden. Sie können sie im Laufe der Zeit fortlaufend ergänzen und neu bewerten. So können Sie ganz bewusst registrieren, nach welchen inneren Prinzipien Sie tatsächlich bei Ihren Entscheidungen vorgehen – und bei Bedarf neue Gewichtungen vornehmen.

***

Der nächste Schritt: **Entscheiden**

So aufwändig soll Entscheiden sein? Bei echten Entscheidungen, die sich nicht in purer Routine erschöpfen: Ja gewiss: So anspruchsvoll ist verantwortliches Entscheiden in komplexen oder schwierigen Situationen!

Betrachten wir doch einmal das Erreichte: Wir haben jetzt ein solides Fundament gelegt, tragfähige Wände errichtet und das Gewölbe gefügt. Nun fehlt nur noch der Schlussstein: der **Entscheidungs-Akt** selbst. Natürlich hat – während Sie sich in den zurückliegenden Schritten über all die entscheidenden Faktoren klar geworden sind – Ihre bevorstehende Entscheidung schon

> „Wir müssen dafür sorgen, dass die Brücke nicht schmaler ist als der Fluss."
> SOPHOKLES

Gestalt gewonnen, mehr oder weniger stark von Handlungsbereitschaft begleitet.

Ist ein Gewölbe gut gefügt, so gleitet der Schlussstein mühelos in sein Lager, sitzt einwandfrei, ohne zu sperren, ohne zu klemmen, auch ohne Drücken und Pressen. In dem Moment, da er eingesetzt ist, trägt er das Gewölbe, hält Druck und Zug in der Waage, verteilt die einwirkenden Kräfte und gleicht sie aus.

Unser „Schlussstein", der eigentliche Entscheidungs-Vorgang, geschieht mehr, als er „gemacht" wird: Ein einfaches Ja wird gedacht, gefühlt, wahrgenommen, gesagt – und ein Erleben von Stimmigkeit, von Evidenz zeigt die Übereinstimmung aller Entscheidungs-Instanzen an. Vom tiefen Unbewussten bis zum kritischen Bewusstsein, von den ältesten, basalsten Gehirnfunktionen bis zu den aktuellsten, subtilsten neuronalen Netzwerken schwingt alles in fein abgestimmter Resonanz. Wir fügen unser Ja hinzu; erleichtert, froh, stolz, empfinden Wärme und Leichtigkeit und fühlen den Drang, uns mitzuteilen – und zu handeln ...

***

Und noch ein Schritt: **Planen und Spielräume nutzen ...**

Wenn einmal entschieden ist, sollten Sie nicht mehr zaudern oder gar zweifeln. Ab jetzt geht es um die **Zielführung**, das Ankommen am Ziel und um ein gutes Gelingen.

Wozu also noch zögern mit der Planung? Schon mancher Vorsatz, manche Entscheidung ist verschollen in einem Sumpf guter Absichten!

> „Entscheidungen haben sich nicht mehr nach vorhandenen Mitteln zu richten, sondern die Mittel werden durch Entscheidungen geschaffen."
> SITU U THANT

Konsequentes Handeln aber will gerichtet sein, soll es sich nicht in ungerichtetem Ausagieren erschöpfen. **Gerichtet wird Handeln durch Planung** – auch diese braucht nicht nur rational zu erfolgen, sondern aus den Grundkräften der Persönlichkeit heraus: Je nachdem, ob Sie eine intuitive, emotionale, pragmatische oder rationale Planerpersönlichkeit sind, wird Ihre planende Vernunft eine unterschiedliche Dynamik besitzen.

Von der Konzeption zur sicheren Umsetzung

- Legen Sie Ihre Etappenziele fest.
- Entwerfen Sie eine persönlich angemessene Handlungsweise.
- Berücksichtigen Sie eine persönlich angemessene Zeitgestaltung.
- Initiieren Sie konkrete Umsetzungsschritte.
- Gewinnen Sie Verbündete und Mitstreiter.
- Entwickeln Sie Handlungsalternativen.
- Berücksichtigen Sie die Voraussetzungen der eigenen körperlichen und seelischen Konstitution, erkennen und nutzen Sie Dispositionsschwankungen.
- Fördern Sie Vitalität und Lebendigkeit.
- Lassen Sie sich von Ihren persönlichen Werten und Zielen wie von einem Kompass bei Ihren täglichen Handlungsschritten leiten …
- … und finden Sie den Mut, den Schritt zu wagen, den eine gute Entscheidung mit sich bringt: Er kann im Aufbruch „zu neuen Ufern" liegen – oder darin, die Chancen und Grenzen des bisherigen Lebensbereiches neu anzunehmen wie bisher, aber doch eine Spur anders: entschiedener, gereifter.

Handeln und am Ziel ankommen: Von der Bewältigung der Zielgeraden zur Gestaltung des Erfolgs

Wenn einmal der „Rubikon überschritten" ist (Maja Storch), können wir nicht zurück; dann gilt es zu handeln. Im Vertrauen auf die eigenen Fähigkeiten gilt es nun, **sich durch konsequentes Handeln selbst zu motivieren – Tag für Tag.**

Die Zielgerade hat es in sich: Kurz vor dem Ziel, beim Endspurt, stauen sich gegensätzliche Anforderungen und Bedürfnisse. Typische – auch unbewusste – Konfliktkonstellationen entstehen und stehen oftmals im Widerspruch zu den bewussten Zielen, zu den bisherigen Vorstellungen von Erfüllung. Nicht jeder Aspekt der Lebensvision erscheint erfüllbar.

Wenn da der Atem ausgeht, droht ein Scheitern kurz vor dem Ziel. Da gilt es zu kämpfen, dass die Vision nicht in Resignation und Entfremdung verödet. Aktivieren Sie Ihre Entschlossenheit, am Ziel anzukommen. Kreative, selbständige und solidarische Lösungen sind gefragt. Überfordernde Selbstansprüche sind zu identifizieren, traditionelle Vorbilder zu überprüfen, Klischees aufzulösen.

Entwickeln Sie **Erfolgskompetenz**

- Konzentrieren Sie Ihre Energie auf den Endspurt und führen Sie Ihre Projekte zügig zum Erfolg.
- Vor allem: Stehen Sie sich auf dem letzten Wegstück nicht selbst im Weg! Machen Sie sich klar, dass Sie den Erfolg erzielen dürfen – und wollen!
- Steigern Sie in dieser Phase Ihre Ausdauer und beugen Sie Erschöpfung vor.
- Bauen Sie unrealistische Erwartungen und Ansprüche an sich selbst behutsam ab und passen Sie sie der erreichbaren Realität an – ohne Dramen und Selbstvorwürfe!
- Geben Sie Selbstüberforderung auf, indem Sie Prioritäten setzen.
- Und: Fördern Sie die eigene Lebendigkeit, erhalten Sie Gesundheit und Flexibilität!

Und nicht zuletzt: Genießen Sie das Gelingen kreativ – und steuern Sie im Kielwasser des Erfolgs neues Gelingen an!

Andrea S. nimmt sich eine Woche Bedenkzeit, um ihren Entschluss nach den stürmischen Entwicklungen der Tage der Ent-

scheidung noch einmal zu überprüfen. Dann exmatrikuliert sie sich und nimmt auf sich, dass Sie sich in ihrem Leben völlig neu orientieren muss – und darf und kann! Zunächst weiß sie noch gar nicht, wo sie nun anfangen soll.

Aber das ist ja der Punkt: Sie „soll" nichts mehr, muss keine Erwartungen erfüllen, nicht einmal eigene! Zum ersten Mal in ihrem Leben erlebt sie diese Freiheit. Jetzt ist der Zeitpunkt gekommen, sich zu orientieren, herauszufinden, was sie wirklich braucht. Sie nimmt sich dafür Zeit, um es praktisch zu erfahren, kellnert in einem Bistro und merkt, dass ihr das Spaß macht: die Arbeit im Team und im Verkauf.

„Der Schwache zweifelt vor der Entscheidung; der Starke danach."
KARL KRAUS

Oftmals können wir nicht schnurgerade auf unser Ziel zumarschieren, die Umwege, Pausen und Korrekturen sind notwendig: Es braucht die „innere Kommunikation" zwischen Denken, Fühlen, Wollen, zwischen Wünschen und Sollen – nicht zuletzt, um auch den Abgleich mit den äußeren Möglichkeiten zu schaffen.

„In jedem Entscheidungs-Prozess gibt es dunkle, verschlungene Pfade."
JOHN F. KENNEDY

Über ein paar Zwischenstationen findet Andrea S. zu einer Tätigkeit in einer Softwarefirma, die ein innovatives Produkt herstellt und vertreibt. Inzwischen ist sie das „Zugpferd" des Vertriebs – unglaublich, was sie hier mit Freuden leistet! Eines Tages sagt ihr Chef zu ihr: „Ich schätze Sie sehr, ich möchte Sie auf lange Zeit behalten, nur: dazu brauchen Sie eine Ausbildung. Studieren Sie etwas." – Da ist sie natürlich verblüfft und erschrocken, weil sie sich schon wieder an den Punkt gekommen glaubt, von dem sie Abschied genommen hat. Ist da jetzt wieder eine Vaterfigur, die bestimmen will, was sie zu wollen hat?

An diesem Punkt haben wir uns kurzerhand für zwei Stunden zu einem Coaching zusammengesetzt. Nach und nach wurde Andrea S. klar, dass ihr Chef selbst einen Aufstieg gemacht hat, ohne eine entsprechende Ausbildung zu haben. Was er ihr mitteilte, war eigentlich: „Ich vermisse die Sicherheit einer soli-

den Ausbildung, meine Limits sind deutlich, ich werde nicht über sie hinauskommen. Ich gönne dir, dass du weiterkommst auf deinem Weg."

Er hat sie gebeten, gleich im Herbst an der Berufsakademie anzufangen – aber sie will ja weiter den Vertrieb ausbauen! Sie kämpft also darum, dass sie mit diesem Vorhaben betraut wird – und er ist so klug, ihr diesen Spielraum einzuräumen: „Wenn Sie Ihre Zukunft in unserem Unternehmen sehen: Willkommen! Aber lassen Sie uns eine verbindliche Vereinbarung treffen, dass Sie innerhalb von fünf Jahren den Studienabschluss an der Berufsakademie machen!" – Andrea S. ist froh über diesen Spielraum und dass sie nicht gegängelt wird … und hat dann doch – aus freiem, eigenem Entschluss – schon im Herbst mit dem Studium begonnen.

Heute ist sie zufrieden mit sich, stolz, dass sie Studium und Arbeit im Unternehmen verbinden kann. Gleichzeitig hat sie eine Langzeitperspektive – keine, die dem entspricht, was ihre Eltern sich früher vorgestellt hatten, aber eine, die sie trägt und leitet – und die die Eltern durchaus respektieren können.

Mit einem solch wohl fundierten und gut entfalteten Handlungskonzept können Sie gelassen die Verantwortung für Ihre Entscheidungen übernehmen, zur rechten Zeit ohne Zweifeln und Zaudern auf Ihre Ziele zugehen … und zum Erfolg gelangen!

Strategisch entscheiden und handeln – die zwölf Stützpunkte

- Ungestützte Entscheidung: mit dem Anfangen anfangen.
- Die Entscheidungs-Frage so präzisieren, dass sie eine Antwort finden kann.
- Den Typus der aktuellen Entscheidungs-Situation identifizieren.
- Die eigene Entscheider-Persönlichkeit kennen lernen.
- Leitvisionen und Ziele definieren.
- Informationen gezielt beschaffen und auswählen.
- Risiken analysieren und verringern.
- Sich Rechenschaft geben über persönliche Werte.
- Mutig Verantwortung übernehmen.
- Entscheiden – der Schlussstein schließt das Gewölbe.
- Zielführend konsequent planen.
- Zuversichtlich und umsichtig handeln – Schritt für Schritt zu Gelingen und Erfolg.

Schluss

Ganz und gar entschieden!

Zu einem erfolgreichen Leben gehören konsequente Entscheidungen. Sie sind umso tragfähiger und nachhaltiger, je kontinuierlicher sie in einem **fortlaufenden Entscheidungs-Prozess** entstanden sind. Entscheidungen wirken auf unsere Realität verändernd ein. Kontinuierliches, dynamisches Entscheiden greift diese Veränderungen auf; sie können zurückwirken auf unsere Entscheidungen: So wird Entscheiden flexibel, modifizierbar und realitätsgerecht.

„Einmal entschieden, immer entschieden"? – wie starr! Die Realität wandelt sich ständig.

Entscheidungen sind sogar grundsätzlich **revidierbar**, wenn eine grobe Fehlentwicklung erkennbar wird; dann entsteht eine Zäsur in der Entwicklung und die Chance für einen Neubeginn, die nicht ungenutzt verstreichen sollte!

Beim Entscheiden sollten Sie aber immer **einer Ziellinie, einer Leitvision folgen**: Wenn eine Lebensvision Ihre Entscheidungen leitet, dann kennen Sie Ihre Richtung und erkennen Ihre Ziele. Mag auch der Weg verschlungen sein – Ihren „Leitstern" verlieren Sie nicht aus den Augen! Sie werden niemals in „rasantem Stillstand" auf der Stelle treten: Ihren Entscheidungen und Handlungen ist ein klarer Bezugsrahmen gesetzt.

Entscheiden ist: zu sich finden.

Durch stimmiges Entscheiden kommen Sie in Einklang mit sich selbst. Einiges an **bewusster Übung** ist nötig dazu, wie bei der Verbesserung einer jeden Fähigkeit. Unterdessen bauen Sie **Erfahrung** auf in kompetentem Entscheiden. Das heißt auch: sich bewegen, geistig, emotional – und körperlich!

Zum Entscheiden gehören aber auch der Mut und die Fähigkeit, **konkrete Schritte ins Unbekannte zu wagen** – oder auch, sie entschieden nicht zu tun. Entscheiden bedeutet, **Stellung zu beziehen, das Risiko zu wagen** und sich auf den einzuschlagenden Weg einzulassen. Nicht umsonst meint „entscheiden" ja im Wortsinn erst einmal auch „trennen" (scheiden) und in einem weiteren Schritt „wieder zusammenfügen".

Erfolg ist kein Endpunkt; Erfolg ist der äußere Aspekt gelungener persönlicher Entwicklung.

Aus dieser ganzheitlichen Perspektive wird Ihre **Entscheidungs-Findung identitätsbildend,** ein Baustein Ihrer Persönlichkeit, die sich in jedem Lebensabschnitt in neuer Gestalt entfaltet. Aber erst die konsequente Umsetzung, angemessene und zielführende Schritte führen zu Gelingen und Erfolg.

So gesehen ist Erfolg nicht von einer äußeren Norm her definiert, sondern vom Erleben sinnvoller Entfaltung Ihrer Möglichkeiten. Und das meint: **zu sich selbst finden**.

Anhang

Literatur

Es gibt einige grundlegende theoretisch orientierte Literatur sowie gut verständliche Bücher, die fundiert über die verschiedenen Aspekte guten Entscheidens informieren.

Die erstgenannten Bücher referieren und gliedern hauptsächlich Ergebnisse wissenschaftlicher Untersuchungen im Lehrbuchstil. Sie werden hier nicht aufgeführt. Denn es gibt zudem gut verständliche Bücher, die fundiert über Aspekte guten Entscheidens berichten. Ratgeberisch ausgerichtete Bücher hingegen setzen zumeist Schwerpunkte auf einzelne wissenschaftliche Befunde oder stellen einzelne Entscheidungs-Techniken vor.

Diese kleine Zusammenstellung nennt einige Titel, die mir selbst hilfreich waren beim Schreiben dieses Buches. Sie können daraus eine Auswahl treffen, die Ihrem Interesse und Ihren Ansprüchen entspricht. Alle genannten Bücher fügen sich gut in das hier dargestellte Gesamtkonzept.

Ratgeber zu Entscheidungs-Techniken und -Methoden

Volker Bugdahl: Methoden der Entscheidungsfindung. Vogel Verlag, Würzburg 1990 (vergriffen): Das Buch beginnt mit einer einer kurzen, fundierten und gut lesbaren Einführung in das Thema Entscheidungs-Findung und Problemlösen. Es betont die Bedeutung eindeutiger Zieldefinitionen. In seinen wesentlichen Teilen stellt es kurz und präzise die etablierten grafischen und mathematischen Methoden der Entscheidungs-Findung dar.

Juniper Dean: Making Decisions. How to Books, Ocford, United Kingdom 1998: Das schmale Bändchen ist in einem ein gut lesbares Grundlagenbuch und Entscheidungs-Ratgeber auf hohem Niveau. Sehr fundiert, Entscheidungs-Grundlagen und -Methoden darstellend. Zeigt verschiedene Entscheider-Persönlichkeiten und –Stile und betont die Wichtigkeit, Entscheidungskompetenz zu entwickeln. Leider nur in Englisch erhältlich.

Charles Foster: So entscheide ich richtig. Mit Gefühl und Verstand gute Lösungen finden. Scherz Verlag, Bern 2001 (vergriffen): Ein praktischer Ratgeber zum Entscheiden in persönlichen und beruflichen Fragestellungen. Er führt durch 30 Kapitel mit 30 praktischen Regeln, die durch zahlreiche alltägliche Beispiele und Geschichten veranschaulicht werden. Viele Anregungen, aber keine systematische Anleitung zum Entscheiden.

Robert F. Mager: Zielanalyse. Beltz Verlag, Weinheim 1975 (vergriffen): „Die Ziele […], besonders im Bereich der Einstellungen, sind oft so allgemein und vage, dass sich aus ihnen nicht eindeutig ableiten lässt, was man tun muss, um sie zu erreichen. ‚Zielanalyse' bietet ein Verfahren, um allgemeine Ziele kommunizierbar zu machen." Der kleine Band führt in leicht nachvollziehbaren Schritten (am Beispiel der Definitionen von Unterrichtszielen) in die Methode der Zielanalyse ein.

Matthias Nöllke: Entscheidungen treffen. Haufe Verlag, Freiburg, 3. Auflage 2004: Ein kleiner, praktischer Ratgeber mit kurzer Einführung in die Entscheidungs-Methodik. Im zweiten Teil kurze Anleitungen, Entscheidungs-Techniken und Entscheidungs-Hilfen.

Unterhaltsam und informativ

Gerda Boyesen, Mona Lisa Boyesen: Biodynamik des Lebens. Synthesis Verlag, Essen, 3. Aufl. 1994: Aufzeichnungen und Notizen der Begründerin der Biodynamischen Psychologie aus vielen Jahren, in denen sie aus ihren klinischen Beobachtungen, Erfahrungen und theoretischen Gedanken ihre biodynamische Sichtweise entwickelte, sind hier zu einem Gesamtkonzept zusammengefügt. Die Autorin entwickelt den Grundgedanken der Biodynamischen Psychologie: Der gesamte Körper, nicht nur das Gehirn, speichert alle unsere Erfahrungen – auch im vegetativen Nervensystem und im vegetativen Grundgewebe, dem „Grundregulationssystem nach Pischinger". Dies trägt zur Anspannungen der inneren Organe unter Stress bei. Bei der leicht erlernbaren Psychoperistaltikmethode werden diese Spannungen über einen hörbaren Biofeedback-Mechanimus gelöst, und die emotionale Erinnerung an die auslösenden Erlebnisse wird wieder erlebbar. Die Methode ist ein sehr differenziertes Instrument, um „somatische Marker" gezielt hervorzurufen und deren Bedeutung für anstehende Entscheidungen zu entschlüsseln. Anleitungen und Übungen zur Selbsthilfe finden sich in dem Ratgeber und auf der beigefügten CD: **Gerda Boyesen/Peter Bergholz: Dein Bauch ist klüger als Du. Mikado Verlag, Hamburg 2002.**

Annette Charpentier: Die Kunst, das Leben entscheiden zu lassen. Und Probleme nicht schwerer zu nehmen als sie sind. Scherz Verlag, Bern, 4. Aufl. 2003: Mit leichter Hand, sympathisch und keineswegs belehrend, stellt die Autorin Entscheidungssituationen aus ihrem eigenen Leben dar. Sie macht sich stark dafür, bei Entscheidungen nicht in erster Linie Argumenten sondern dem Gefühl von Stimmigkeit zu vertrauen, Entscheidungen reifen zu lassen und zuversichtlich zu sein, dass die Dinge sich zum besten entwickeln werden. „Viele Entscheidungen ergeben sich zum richtigen Zeitpunkt, wie von Zauberhand, ganz von allein." Aber lassen Sie sich nicht täuschen: Während man ganz entspannt und amüsiert über die Wechselfälle des Lebens liest, lernt man in Wirklichkeit eine Menge über differenziertes Entscheidungs-Verhalten.

Maja Storch: Das Geheimnis kluger Entscheidungen. Von somatischen Markern, Bauchgefühl und Überzeugungskraft.

Pendo Verlag, Zürich 2003 Die Autorin legt dar, dass Entscheidungen nicht nur mit dem Kopf getroffen werden, sondern dass unsere Erfahrungen und Emotionen eine wichtige Rolle spielen und sich über Signale unseres Körpers äußern. Ein Schwerpunkt liegt auf der Wahrnehmung von „somatischen Markern", also von Körperwahrnehmungen, durch die sich das emotionale Erfahrungsgedächtnis als Körpersignale zu Wort melden.

Darstellungen experimenteller Aspekte von Entscheidungs-Findung – fundiert und grundlegend

Dietrich Dörner: Die Logik des Misslingens. Strategisches Denken in komplexen Situationen. Rowohlt Verlag, Reinbek, Neuausgabe 2005: Anhand von Computersimulationen wird der Zusammenhang von Denken, Fühlen und Wollen bei der Lösung komplizierter Probleme erforscht. „Nicht die großen Fehler, auch nicht moralische Defekte, nicht Dummheit, Faulheit oder Bosheit und kein rücksichtsloser Wille zur Macht sind schuld daran, wenn etwas schief geht. Viele kleine Fehler im Denken und Handeln, z. B. verursacht durch die Unzulänglichkeiten des menschlichen Kurzzeitgedächtnisses, addieren sich unbemerkt, bis die Katastrophe eintritt." Eine ausführliche Analyse der Entscheidungsprozesse bei der Reaktorkatastrophe von Tschernobyl belegt diese Hypothese.

Das Buch zeigt, dass man strategisches Denken und Entscheiden lernen kann, um komplexe, vernetzte, intransparente, dynamische Handlungs- und Entscheidungs-Situationen besser zu bewältigen.

Gary Klein: Natürliche Entscheidungsprozesse. Junfermann Verlag, Paderborn 2003: Klein versucht durch Felduntersuchungen herauszufinden, wie Menschen in schwierigen, für sie neuartigen Situationen in der Praxis zu Entscheidungen gelangen. Er betont die Wichtigkeit erfahrungsfundierter Entscheidungs-Findung durch Wiedererkennen vertrauter Situationen – und bezeichnet diesen Weg recht eigenwillig als „intuitiv". Erfahrene Entscheider stellen sich vor (visualisieren), „ob sich eine bestimmte Option durchführen lässt und ob Probleme dabei auftreten könnten. Gewöhnlich nutzen sie die erste brauchbare Möglichkeit, die ihnen einfällt, nicht die beste". Klein beschreibt mentale Stärken und geistige Fähigkeiten – er nennt sie „Quellen der Macht" –, die uns bei der Entscheidungsfindung helfen. Informativ, sehr ausführlich, nicht immer stringent. Der englische Titel „Sources of Power. How People Make Decisions" beschreibt den Inhalt des Buches zutreffender als der deutsche.

Vinzent Liebig, Spiralen des Seins – Wahrnehmen und Gestalten. Aurum Verlag, Braunschweig 1996 (vergriffen): Wer schöpferisch tätig ist, organisiert seine Erfahrung zu einem Kunstwerk, egal welche Kunstform er dabei anwendet. Ebenso organisiert ein Kunstwerk die Erfahrung derer, die es betrachten." – Der Prozess kreativen Entscheidens wird mit dieser Beschreibung gut getroffen: Entscheiden ist auch eine Kunst! Die eigene Konzentration zu schulen, die Wahrnehmung zu entfalten und Kreativität zu fördern, dazu wird in diesem Buch am Beispiel des kreativen Umgangs mit Mandalas in praktischen Übungen eingeladen. Beim Autor erhältlich: changchub11 @yahoo.de

Persönlichkeitstheorie

Jolande Jacobi: Die Psychologie von C. G. Jung. Fischer Verlag, Frankfurt a. M. 1994: Kurze, sehr informative Zusammenfassung der Psychologie C. G. Jungs, das Thema „psychologische Persönlichkeits-Typologie" ist auf wenigen Seiten gut verständlich beschrieben.

C. G. Jung: Psychologische Typen. Walter Verlag, Düsseldorf 1995, Bd. 6 der Gesamtausgabe: Umfangreiche Sammlung aller Veröffentlichungen des Autors zu diesem Thema. Richtig, wenn man sich in die Persönlichkeitstypologie vertiefen möchte.

Neurobiologische Grundlagen

Antonio Damasio: Ich fühle, also bin ich. Die Entschlüsselung des Bewusstseins. List Verlag, Berlin 2000: Damasio stellt dar, dass Gefühle und Verstand nicht voneinander getrennt werden können. Das Bewusstsein beruht auf der Bildung neuronaler Signale im Gehirn, die zu Mustern verarbeitet werden. Dadurch können überhaupt erst Vorstellungen und unser „Selbst-Sinn" gebildet werden. Grundvoraussetzung für die Entwicklung des Bewusstseins sind Emotionen und Gefühle. Über das evolutionsgeschichtlich begründete Kernbewusstsein aller höher entwickelten Organismen hinaus besitzen Menschen ein erweitertes Bewusstsein, das Sprache und Erinnerungen voraussetzt. Die theoretischen Ansätze werden durch klinische Fallstudien gestützt.

Häusel, Hans-Georg: Think Limbic! Die Macht des Unbewussten verstehen und nutzen für Motivation, Marketing, Management. Haufe Verlag, Freiburg 2003: Der Autor stellt in klarer Diktion und übersichtlichen Schaubildern die Entwicklung der Hirnforschung dar und legt den Schwerpunkt auf das limbische System des Gehirns als die Instanz, die uns im Innersten antreibt. Unser Denken und Handeln wird von den unbewussten Kräften gesteuert, die sich im Laufe der Evolution als besonders erfolgreich erwiesen haben: Dem Streben nach Stimulanz, Dominanz und Balance. Der Autor stellt anhand zahlreicher Werbestrategien bekannter Produktmarken dar, wie im Management und Marketing diese Strebungen benutzt und damit unsere Kaufentscheidungen und unser Konsumverhalten gelenkt werden.

Gerald Hüther: Bedienungsanleitung für ein menschliches Gehirn. Vandenhoeck & Ruprecht, Göttingen, 5. Auflage 2005: „Wenn das Gehirn [...] sich so entwickelt, wie es gebraucht wird und bisher gebraucht wurde, dann stellt sich die Frage, wie wir eigentlich mit unserem Gehirn umgehen müssten, damit es zur vollen Entfaltung der in ihm angelegten Möglichkeiten kommen kann." – Prägnant, informativ und durchaus unterhaltsam reflektiert der Autor über „das ungenutzte Potential unseres Gehirns".

Julian Jaynes: Der Ursprung des Bewussteins durch den Zusammenbruch der bikameralen Psyche. Rowohlt Verlag, Reinbek 1988: Hinter dem sperrigen Titel verbirgt sich ein faszinierender kulturhistorischer Essay über die Entstehung von Bewusstsein durch Veränderungen im Zusammenspiel zwischen der rechten und der linken Gehirnhälfte. Seine These: Bewusstsein sei geschichtlich erst vor knapp 3000 Jahren aufgetreten, Autonomie und Entscheidungsfreiheit eine historische Neuerwerbung. Die Helden Homers und des Alten Testamentes konnten unter Stress und in Grenzsituationen keineswegs Selbst-bewusst entscheiden. Sie handelten nach göttlichen „Eingebungen", die der Autor als akustische Halluzinationen identifiziert. In Wirklichkeit habe bis um das Jahr 1000 vor Christus das Sprachzentrum der einen Hirnhälfte mit dem Hörzentrum der anderen Hirnhälfte kommuniziert; das Gehirn war noch deutlich in zwei weitgehend funktionell getrennte Hälften geteilt. Diese „bikamerale" Organisation des Denkapparates setzte in wenigen Jahrzehnten aus; die entstandene Lücke habe sich mit subjektivem Bewusstsein gefüllt, während gleichzeitig die Stimmen der Götter verstummten. Als Beleg für seine Hypothesen unternimmt der Autor den Versuch, anhand des Denkens heutiger Psychosepatienten die Gehirnfunktion der damaligen Menschen zu rekonstruieren.

Gerhard Roth: Das Gehirn und seine Wirklichkeit. Kognitive Neurobiologie und ihre philosophischen Konsequenzen. Suhrkamp Verlag, Franfurt a. M. 1994: Dargestellt werden neue Erkenntnisse über die neurobiologischen Grundlagen von Wahrnehmung, Bewusstsein und Geist. Der Autor geht der Frage nach, wie „Geist und Bewusstsein" im Gehirn miteinander verknüpft sind, ... Kognitive Leistungen sind eng verbunden mit Emotionen, die ihrerseits eine Brücke zum völlig Unbewussten in uns bilden. „Das Unbewusste ist keineswegs nur das Angeborene, Reflex- und Triebhafte, sondern der gewaltige Vorrat an Vorerfahrung, der aus dem aktuellen Bewusstsein abgesunken ist, aber dennoch – oder gerade deshalb – maßgeblich in die Steuerung unseres Denkens und Handelns eingreift." Dies betrifft vor allem das Limbische System als das zentrale Bewertungssystem in unserem Gehirn. Im zweiten Teil wird eine philosophische Grundlegung des menschlichen Erkenntnisvermögens im Sinne des Konstruktivismus entwickelt; dabei wird die Einheitlichkeit der Gehirn-Geist-Beziehung angenommen, ohne zugleich „Geist" auf die Aktivität von Nervenzellen zu reduzieren. Besonders diskutiert wird der Unterschied zwischen erlebbarer Wirklichkeit und einer bewusstseinsunabhängigen Realität und festgestellt, dass es Wahrheit im Sinne objektiv gültiger Aussagen nicht geben könne.

Zeitschriftenartikel

Die Intelligenz der Gefühle: Gehirnforscher zeigen, warum die Intuition oft wichtiger ist als der Verstand. Focus Nr. 24, 7. Juni 2004: Der Leitartikel gibt eine gute Übersicht über den derzeitigen Stand der Diskussion zwischen Entscheidungs-Forschung und Neurophysiologie. Schaubilder zeigen, wie das Gehirn entscheidet; Fotos von modernen Gehirnfunktionsuntersuchungen lassen die Aktivierung spezifischer Hirnareale bei unterschiedlichen Aufgaben sichtbar werden. Der Artikel berichtet über die Rolle von unbewusstem Denken, Intuition und Emotionen bei der Entscheidungsfindung.

Kopf oder Bauch: Neon, Heft 51, 2004: Der Intuition wird bei Entscheidungen die Hauptrolle zugeschrieben. Doch Achtung: In beiden Artikeln wird nicht klar unterschieden zwischen den beiden „nicht-rationalen" Qualitäten: den gefühlsmäßigen und den intuitiven Entscheidungen.

Heiko Ernst: Intuition – können wir unserem Bauchgefühl vertrauen? Psychologie Heute, März 2003: Ein gut lesbarer, informativer Artikel über die psychologischen Aspekte von

„Intuition" und „Bauchgefühl", der Gary Kleins (s. o.) Ausführungen kurz und prägnant zusammenfasst – allerdings werden auch hier die „nicht-rationalen" Erlebensqualitäten in eins gesetzt und nicht angemessen differenziert.

Hatte Freud doch Recht? Die Natur der Seele – Hirnforscher entdecken die Psychoanalyse. Der Spiegel Nr. 16/18. 04. 2005: Eine Reportage über neurologisch-apparative Untersuchungen, die als Bestätigung grundlegender psychoanalytischer Theorien über Verdrängung, Träume und das Unbewusste angesehen werden können.

Die genannten Artikel können auf der Internet-Website der Zeitschriften als download erworben werden.

Entscheidungs-Prozesse methodisch gestalten
Kompetent entscheiden in drei Schritten

Ob privat, beruflich oder betrieblich – an Kreuzungen des Lebens stehen Entscheidungen an, oft mit langfristigen Auswirkungen und tief greifenden Konsequenzen. Die enge und individuelle Verknüpfung ganz unterschiedlicher Lebensbereiche (privat – beruflich – betrieblich) macht solche Entscheidungs-Prozesse komplex. Sachliche Notwendigkeiten, Bedürfnisse und Wünsche sollen dabei mit den persönlichen Fähigkeiten, Werten und Visionen in Einklang gebracht werden.

Allein die gelingende Verbindung von Privatleben und den beruflichen Anforderungen stellt uns vor immer größere Herausforderungen, die mit traditionellen Lösungsstrategien nur noch bedingt zu bewältigen sind. Die Folge ist ein steigender Entscheidungs-Druck, vor allem bei Menschen, die beruflich und/oder familiär in hoher Verantwortung stehen – sich selbst, ihrer Familie, ihrem Betrieb und ihren Mitarbeitern gegenüber.

Decision Making Dr. Jungkind® ist eine moderne, wissenschaftlich fundierte und alltagsbewährte Methode zur Förderung ganzheitlicher Entscheidungskompetenz. Ziel sind ganzheitliche und nachhaltige Entscheidungen im privaten, beruflich-betrieblichen, öffentlichen und politischen Bereich.

Persönlichkeits- und Tiefenpsychologie, biodynamische und systemische Methoden und Ergebnisse neurobiologischer Forschungen werden zu einem integrativen, praxisbewährten Konzept der Entscheidungskompetenz verschmolzen. Es findet Anwendung in Coaching, Mediation, Moderation und Gesundheitsbildung.

- Entscheidungs-Kompetenz ist trainierbar,
- Entscheidungs-Stress ist vermeidbar,
- Entscheidungs-Strategien sind erlernbar.

An die Stelle von Stagnation, Unsicherheit, Fremdbestimmtheit und einem Wechselbad von Gefühlen tritt fundierte Neuorientierung, Selbstregulierung und innere Entschiedenheit – die Freiheit, mit hoher Eigenverantwortlichkeit und Selbstbestimmung ein erfülltes und gelingendes Leben zu führen.

1. Schritt: Entscheiden – vom Entscheidungs-Problem zu inspirierenden Entscheidungen durch Entwicklung von Entscheidungs-Kompetenz:
Eine klare Motivationsanalyse, persönlich angemessene Zeitgestaltung und konkrete Vorstellungen von vorhandenen Möglichkeiten und Alternativen ermöglichen eine optimale, vorausschauende Planung. **Entscheidungs-Kompetenz ist erlernbar:** Die persönlichen Werte und Ziele zu bestimmen, auf individuelle Fähigkeiten zu vertrauen, die Quellen der eigenen Lebendigkeit und Inspiration zu finden – darauf kommt es bei diesem Schritt an!

2. Schritt: Konsequenz – von der Konzeption zur sicheren Umsetzung:
Voraussetzung für entschlossenes Handeln ist die **Entwicklung von Planungs- und Handlungskompetenz.** Im Vertrauen auf die eigenen individuellen Fähigkeiten sich durch konsequentes Handeln selbst zu motivieren, Tag für Tag – das wird entschei-

dend für das Erreichen der Ziele! **Planungs- und Handlungs-Kompetenz sind erlernbar:** ein persönlich angemessenes „Handlungsdesign“ entwerfen, bei zielorientierter Zeitgestaltung konkrete Umsetzungsschritte initiieren, Verbündete gewinnen und Handlungsalternativen entwickeln, mit den Voraussetzungen der eigenen körperlichen und seelischen Konstitution rechnen, Dispositionsschwankungen erkennen und nutzen, Vitalität und Lebendigkeit fördern, persönliche Werte und Ziele als Kompass für die täglichen Handlungsschritte einsetzen.

3. Schritt: Gelingend – Zielführung und Erfolgs-Coaching: Am Ziel ankommen: die Tücken der Zielgeraden meistern, den Erfolg gestalten und genießen. **Erfolgskompetenz entwickeln:** sich nicht selbst im Weg stehen auf dem letzten Wegstück, den Erfolg erzielen dürfen und wollen; Ausdauer und Kondition steigern, Erschöpfung vorbeugen; unrealistische Erwartungen und Ansprüche an sich selbst behutsam abbauen, sie der erreichbaren Realität anpassen – ohne Drama und Selbstvorwürfe; Selbstüberforderung aufgeben, Prioritäten setzen; die eigene Lebendigkeit fördern, Gesundheit und Lebendigkeit erhalten.

Ihr persönliches Coaching
Entscheidungs-Kompetenz in Aktion

Entscheidungen mit Tragweite brauchen Flügel. Leichtigkeit und Sicherheit gewinnen Sie beim Entscheidungs-Coaching, bei Moderation und Mediation – persönlich oder im Team.

Ich geleite Sie mit viel Erfahrung und Fingerspitzengefühl konsequent, verlässlich und systematisch zu stimmigen Entscheidungen, konkreter Planung, entschlossenem Handeln.

Entscheidung-Ccoaching kann individuell oder im Team stattfinden, als Kurz- oder Intensiv-Coaching, auch an Wochenenden: bei Ihnen vor Ort oder entspannt in erholsamer Umgebung.

Und – wenn's mal „brennt" – ganz direkt über unsere Hotline 0190 814 888 (1,86/min). Ein Vorgespräch klärt Fragestellung, Zeitbedarf und Beratungshonorar vorab: +49-761-2 90 9994

Informieren Sie sich über Decision Making Dr. Jungkind®, unsere Termine und Angebote und über die Ausbildung zum Entscheidungstrainer unter www.decision-making.de
oder schreiben Sie uns:

Decision Making Dr. Kuno Jungkind
Postfach 190342
D-79062 Freiburg
E-Mail: info@decision-making.de
Fax unter 01805060 – 3340 3238
www.decision-making.de

So lebt sich's leichter

Sharon A. Bower/Gordon H. Bower
Vertrauen zu sich selbst gewinnen
Ein Trainingsbuch
Band 5330

Das brauchen Sie zum selbstbewussten Auftreten: die richtige Kommunikation, Körpersprache, Verhandlungsstrategien. Für beruflichen und privaten Erfolg.

Eva Neumann
Ich bin da anderer Meinung ...
Schwierige Gespräche leicht gemacht
Band 5346

Um schwierige Gesprächssituationen im Leben kommt niemand herum. Das 1 x 1 erfolgreicher Kommunikation.

Debra A. Dinnocenzo/Richard B. Swegan
Ständig online
Erreichbarkeit ist gut – abschalten können auch
Band 5357

Unnötigen Stress vermeiden. Die besten Strategien um mit Informationsflut umzugehen: gelassen und effektiv.

Bodo G. Toelstede
Aus Wünschen Ziele machen
Wie ich erreiche, was ich mir vornehme
Band 5384

Mut, Selbstbewusstsein und Selbstvertrauen für eine sinnvolle Lebensplanung gewinnen. Das Erfolgsrezept: geheime Wünsche ernst nehmen und destruktive Denkmuster abbauen.

Rotraud A. Perner
Wer den Himmel will, muss fliegen können
Erfolgsstrategien für Frauen
Band 5393

Ziele angehen. Eigenmacht und Übermut kreativ einsetzen, aber auch Klugheit und vernünftige Strategien. Das ist das Erfolgsrezept.

HERDER spektrum